高职教育服务乡村振兴的路径研究

李　政◎著

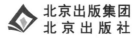
北京出版集团
北京出版社

图书在版编目（ＣＩＰ）数据

高职教育服务乡村振兴的路径研究 / 李政著. —— 北京：北京出版社，2023.9
ISBN 978-7-200-18262-0

Ⅰ. ①高… Ⅱ. ①李… Ⅲ. ①高等职业教育—作用—农村—社会主义建设—研究—中国 Ⅳ. ①G718.5 ②F320.3

中国国家版本馆CIP数据核字（2023）第173637号

高职教育服务乡村振兴的路径研究
GAOZHI JIAOYU FUWU XIANGCUN ZHENXING DE LUJING YANJIU

李　政　著

出　　版　北京出版集团
　　　　　北 京 出 版 社
地　　址　北京北三环中路6号
邮　　编　100120
网　　址　www.bph.com.cn
总 发 行　北京出版集团公司
经　　销　全国各地书店
印　　刷　三河市九州财鑫印刷有限公司
版印次　2023年9月第1版第1次印刷
开　　本　787×1092毫米　1/16
印　　张　12.5
字　　数　200千字
书　　号　ISBN 978-7-200-18262-0
定　　价　68.00元

如有印装问题，由本社负责调换
质量监督电话　010-58572234　010-58572393

前　言

　　乡村振兴战略是实施中国特色乡村建设的重要依据，而实现乡村振兴需要人才支持，要想获得人才支持，就必须大力培养人才。培养人才应重点发展教育，其中职业教育的发展对乡村振兴将起到重要作用。

　　2019年，《国家职业教育改革实施方案》出台，此文件指明了未来职业教育改革方向，是各大高职院校改革发展的风向标，高职院校应以当前乡村实际情况为基准，大力培养职业型、技能型的农业服务人员。宣传正确的思想价值观，让农民学习科学的理论知识，提高实践水平，全面提升村民素质，通过人才培养与知识宣传促进乡村振兴战略发展。2022年5月1日，我国正式施行新修订的《中华人民共和国职业教育法》（以下简称《职业教育法》），《职业教育法》历时二十六年重新修订，新版本共计八章六十九条。新《职业教育法》提出职业教育享有普通教育同等地位，未来应大力发展职业教育，提高职业教育的社会地位和公众认可度，鼓励校企合作和产教融合，大力深化教育保障改革，完善相应措施，带动职业教育向更加机制化、科学化的道路发展，为乡村振兴战略实施提供人才保障。

　　实施乡村振兴战略是促进高职教育发展的重要契机，也是高职教育自身改革的催化剂。高职教育人才培养的目的之一是促进新农村建设，因而乡村振兴战略的提出为高职教育指明准确方向，阐明高职教育人才培养的新要求。高职教育与乡村振兴战略的结合，是实现一流院校建设的重要途径，有助于推动高职院校自身全面发展和提升。高职院校以促进乡村振兴战略为目标的改革措施包括多样化的课程建设和专业设置、多区域化的教育实施场所、多元化的招生人员渠道、毕业生参与乡村振兴建设、教师借助自身的专业知识服务社会等。这些改革不仅可以推动高职教育自身规模的扩大，同时能让更多的人对高职教育有准确的认知，扩大高职院校的影响力和知名度，从而让人们愿意支持和选择高职教育。

本书以"高职教育服务乡村振兴的路径研究"为论题，探索高职教育服务乡村振兴的创新路径。本书共八章。第一章为绪论，第二章阐述了乡村振兴战略的背景、要求与特征，第三章论述了高职教育的价值、定位与功能，第四章对高职教育与乡村振兴的关系进行了分析，第五章阐述了高职教育服务乡村振兴的理论依托，第六章论述了高职教育服务乡村振兴的精准助推体系，第七章对高职教育服务乡村振兴的运行模式进行了探究，第八章诠释了高职教育服务乡村振兴的路径创新。

笔者在撰写本书的过程中，借鉴了许多专家和学者的研究成果，在此表示衷心的感谢。本书研究的课题涉及的内容十分宽泛，笔者在写作过程中尽管力求完美，但仍难免存在疏漏，恳请各位专家批评指正。

目 录

第一章 绪 论

第一节 研究目的和意义

一、研究目的

本研究力求客观分析新时代高职教育助推乡村振兴战略的问题，探求新时代高职教育助推乡村振兴战略的战略意义和必要性，分析影响新时代高职教育助推乡村振兴战略的因素，提出具有针对性的新时代高职教育助推乡村振兴战略的策略，以期能够为实施乡村振兴战略提供理论依据和政策支撑。本研究的主要目标具体如下：

第一，通过实地调研、考察，基本上掌握乡村振兴和高职教育发展情况，总结新时代乡村振兴战略中存在的问题，提炼其中的主要原因。

第二，通过对新时代高职教育与乡村振兴战略的关系进行分析，提炼高职教育助推乡村振兴战略核心要义和基本特征，分析高职教育助推乡村振兴战略的意义，探究高职教育助推乡村振兴战略过程中存在的问题，提出高职教育助推乡村振兴战略的影响因素以及实现方式，等等。

第三，从产业支撑、技术支撑、人才支撑和文化支撑四个方面构建新时代高职教育助推乡村振兴战略支撑助推体系。构建精准招生、精准资助、精准教学、精准就业四个方面的新时代高职教育助推乡村振兴战略精准助推体系。构建产业融合模式、创新发展模式、人才供给模式、文化传承模式的四大运行与保障模式，开创产教融合新局面。

第四，从政府视角、社会视角、学校视角和乡村视角提出高职教育助推乡村振兴战略的动力和具体策略。从区域、任务、路径等多层次制定新时代高职教育助推乡村振兴战略的对策。

二、研究意义

（一）理论意义

第一，对分析目前农村高职教育和乡村振兴战略协同发展现状，发现农村高职教育助推乡村振兴战略的特征，探讨农村高职教育助推乡村振兴战略的重要性和必要性，剖析影响农村高职教育助推乡村振兴战略的关键因素，进一步提出农村高职教育助推乡村振兴战略的科学路径，进一步开拓农村高职教育改革新视角，进一步拓展和丰富乡村振兴战略发展理论，具有一定的学术价值。

第二，分析农村高职教育发展的理论基础，进一步明确农村高职教育在乡村振兴中的战略定位，系统提出农村高职教育发展策略，进一步完善农村高职教育发展理论，进一步丰富高职教育和乡村振兴战略理论研究。基于对高职教育的认识和对提升高职教育吸引力的现有理论研究，对增强高职教育吸引力提出切实可行的对策，可以有效解决乡村振兴战略发展难题。

第三，进一步厘清并改善目前存在的乡村振兴战略发展欠合理现象，精准把握当前新常态，解决不同影响因素带来的乡村振兴的问题；进一步发现高职教育与乡村振兴的发展规律，开阔研究的视野；进一步创新实践工作的思路，科学地设计有利于乡村振兴的支撑体系。

（二）现实意义

第一，提出高职教育助推乡村振兴战略的对策和建议，有利于拓展高职教育助推乡村振兴战略的新思路，有利于为乡村振兴提供人才保障、智力支持和技术支撑，有利于创新并完善农村高职教育发展体系，对进一步助推乡村振兴战略发展具有一定的应用价值。

第二，构建新时代高职教育与乡村振兴战略的体系，有利于进一步深化和拓展农村高职教育理论，为农村高职教育的发展和实践提供指导；有利于分析乡村振兴战略在发展过程中存在的问题，解决乡村振兴战略发展的难题；有利于开创城乡高职教育一体化、产教融合的新局面。

第三，结合乡村振兴战略实施的具体要求，明确高职教育的功能定位和实践路径，有利于建立健全高职教育水平体系，进一步明确各层级教育体系的发展目标，建立科学系统的高职教育体系；有利于明确新形势下我国乡村振兴战略的具体目标和工作任务；有利于助推县级职教中心更好地服务、服从于乡村振兴战略，加速乡村振兴实施进程。

第四，比较分析、文献研究等方法，以及借鉴发达国家的先进理念和做法，有利于开创新时代高职教育助推乡村振兴战略的建设道路，进一步明确乡村振兴的关键点；有利于协调各地区区域经济发展，互帮互助，互利共赢；有利于推进工业化、信息化进程，建立区域经济与科学技术桥梁，相互合作、携手并进，实现区域繁荣目标。

第五，通过高职教育构建乡村振兴战略体系，有利于满足农民的教育需求，迎接知识经济的新挑战，满足农民对教育改革和发展的需求，使农民从终身教育思想向终身教育行为转变；有利于提高农民的整体素质，满足人民群众的精神文化需求；有利于科学技术快速被引进农村，提高农民生产力，加快农村经济的发展。

第二节　相关概念的界定

一、乡村振兴的概念界定

乡村是农民集聚定居的空间形态，是农民进行生产生活的聚集地，同时也是农村经济社会发展的基本载体。[①]

本书分别从过程和状态两个层面对"乡村振兴"概念进行表述。

第一，乡村振兴依托乡村多维空间形态，遵循乡村发展客观规律，农

---

① 李克明. 美丽乡村提出的过程、意义及内涵[N]. 毕节日报，2014-09-25（02）.

民群众主动建设，社会各界共同参与，注重自然与社会的和谐共生，是不断加强乡村经济、政治、文化、社会和生态建设的过程。

第二，乡村振兴通过不断满足人们对乡村生活质量的更高需求，不断实现乡村发展的预期建设目标，最终达到全方位现代化的乡村发展状态。乡村振兴既是当代中国乡村发展的过程，又是乡村发展的目标和未来状态。这一定义不仅涵盖了乡村振兴的目标，也涵盖了乡村振兴的过程。本书提出的乡村振兴概念是乡村发展目标与过程的统一，尊重乡村历史发展过程，是当代乡村发展实际和国家乡村发展战略的高度统一。

乡村振兴是基于我国基本国情、社会经济发展特点和乡村发展体系的特征提出的，其核心要义是把"三农"问题作为乡村全面振兴发展的根本性问题。新时代推进乡村全面发展需要从培育特色产业、特色生态和特色文化做起，促进农业、农民持续协调发展，为广大乡村居民创造优美、便捷的工作和生活环境。为此，着力培育和打造具有地方特色的美丽田园乡村，是新时代乡村振兴的重要抓手。

乡村振兴涉及乡村治理、产业发展、文化保护与传承、生态保护、乡村建设和文化建设等多个领域，各领域之间互为依托、共同发展，应从系统论视角寻求乡村振兴的治理优化策略。乡村振兴离不开产业的发展、文化旅游的繁荣、人居环境的美丽、文化的复兴、人气的集聚，以及完善的基础建设和正确的开发方向等，各领域、各层次、各环节均衡有序发展，乡村才能有活力、有动力、有人气，才能真正实现振兴。

从时间发展维度来看，乡村振兴可划分为初级目标乡村振兴、中级目标乡村振兴和高级目标乡村振兴，分别对应乡村振兴的不同发展阶段。初级发展阶段的目标是乡村振兴取得重要进展，包括构建乡村振兴战略的体制机制，乡村文明、社会治理、产业发展等成效初步显现；中级发展阶段的目标是乡村振兴取得决定性进展，包括乡村振兴战略体制机制进一步理顺，劳动力、土地、资本、技术、信息等生产要素在城乡流动中的障碍得以全面消除；高级发展阶段的目标是乡村实现全面振兴，乡村振兴的体制机制和政策相当完善，城乡之间实现良性互动并相互促进，"三农"问题得到根本解决。

从空间变化维度来看，可将乡村振兴视为乡村层次、县（市、区）层次、省（区、市）层次和国家层次的乡村振兴，不同层次的主体角色及重点任务有所不同，不同区域的具体建设内容也会因为资源禀赋和文化特色方面的差异而各有侧重。

二、高职教育的内涵与概念

（一）高职教育的内涵

从字面意思上看，高职教育是两个不同概念的复合，即将"高等"与"职业教育"进行复合，主要分为三种理解方式。

第一种理解属于"高等教育"范畴，高职教育属于高等教育领域中的一种特定教育，具有一定的应用性和职业性。在《教育大辞典》中顾明远先生认为，高职教育是"属于技术教育和职业教育类型，应被划分为第三级，教育层次当中主要包括两种情况：一是就业前的职业技术教育，二是从业后的有关继续教育"。

第二种理解指出高职教育应独立于高等教育，属于"职业教育"中的顶层部分，"职业教育"与"高等教育"分属于两个不同概念，二者并不重叠。

第三种理解是以郭思乐为代表，认为高职教育属于职业性教育，不能划分到专业性教育当中。郭思乐学者将其观点发表在《现代学术观念与高职教育发展》[①]一文中。换言之，高职教育范畴应包括所有高层次的职业技术人才培养，不分任何职业系列。例如，技术工人系列人才中的高级技工教育也属于高职教育。以杨金土、严雪怡为代表的众多学者指出，高职教育从本质上看就是高等技术教育，在《对发展高职教育几个重要问题的基本认识》中阐述了高职教育的培养目标，主要是技师、技术工程师、高级

---

① 郭思乐. 现代学术观念与高职教育发展[J]. 高教探索，1998（4）：21–25.

技术人员等为主的高层次技术类人才。

对于高职教育概念的理解，笔者倾向于第一种理解，主要有三点理由：

第一，《教育大辞典》指出：高职教育"被列为第三级教育层次"，从词汇上看"高等教育"与"第三级教育"相同。①《中华人民共和国职业教育法》第十五条明确阐述了："职业学校教育分为中等职业学校教育、高等职业学校教育。""高等职业学校教育由专科、本科及以上教育层次的高等职业学校和普通高等学校实施。"对于高等学校的概念我国相关法律也有明确介绍，《中华人民共和国高等教育法》第六十八条指出："本法所称高等学校是指大学、独立设置的学院和高等专科学校，其中包括高等职业学校和成人高等学校。"另外，在中共中央与国务院颁布的文件当中也指明高职教育的重要意义，《中共中央国务院关于深化教育改革　全面推进素质教育的决定》提出："高职教育在高等教育中占有重要地位，应积极推动高职教育发展。"

第二，"高等专业技术教育"是指教育和培训半熟练工人或一般熟练工人，这一点我国高职教育概念与西方的概念相同；培养一般技术人员的教育属于"技术教育"，这是更高层次的"职业教育"；专门培养高级专业技术人员与工程师的人才培养称为"职业教育"。本文讨论的就是专门培养技术员、工程师等级人才的教育，称为"高等专业技术教育"，我国的高职教育包括工科、专科教育，应用性专业学科的本科教育（甚至研究生教育）等。

第三，联合国教科文组织颁布的《国际教育标准分类法》（International Standard Classification of Education，ISCED）中对以技术性为主的教育的标准进行明确分类，而我国高职教育内容与其分类结果相符。1997年，联合国教科文组织颁布的《国际教育标准分类法》中，介绍了大学教育（5级）内容，主要包括两种：一是以学术性为主的教育（SA），二是以技术性为主的教育（SB）。

关于以学术性为主的教育在ISCED中是指："课程内容以理论知识为

---

① 顾远明. 教育大辞典：增订合编本上卷[M]. 上海：上海教育出版社，1997：1195.

主，为研究课程学习打好扎实的理论基础，从而更好地进入工程领域工作。"以技术性为主的教育在ISCED中是指："课程内容多针对的是现实中的具体职业，让学习者获得实践经验和技能，拥有直接参与工作的资质和能力。"根据ISCED可知，我国的高职教育指的是联合国提出的以技术性为主的教育。

高职教育与普通高等教育的差别在于对学生学科理论的要求较低，更倾向于学生的职业技能培养，为今后的工作打好基础。高职教育强调学生掌握一定的动手能力，相反，学科性原理无须过多涉猎。高职教育内容既包括某一具体岗位，也包括培养学习者特定领域的学科理论知识，锻炼其动手能力，为社会培养高级职业型人才。所以，对于高职教育的理解应属于同时涵盖职业教育和高等教育的复合教育模式，属于职业教育的高级水平。

（二）高职教育的概念界定

通过借鉴《国际教育标准分类法》，结合我国国情，对高职教育的内涵有了明确认识后，笔者所理解的高职教育概念如下：

高职教育是一个历史的、发展的概念。随着社会经济、教育的发展以及内涵的丰富，高职教育是与普通高等教育并行的、以培养高级技术应用型专门人才为目标的一种高等教育类型，是职业教育的高级层次和一种全新的教育形式。它和"以学术目的为主"的普通高等教育并存于专科、本科和研究生各层次教育中，可以按照不同职业岗位群对技术型人才要求的水平，在专科、本科和研究生不同层次上培养。

高职教育的范畴极其广泛。高职教育在学历教育上包括专科、本科和研究生层次的教育，在非学历教育上包括职业资格证书教育和技术等级证书教育。如果按照这个定义划分，现行的研究型大学以外的本科院校、专科院校、成人高校、高职院校及实施中职以上职业资格证书教育的专门机构等均属于高职教育。

高职教育兼有职业教育和高等教育的双重属性。所谓高等教育属性，是指它是在相当于高中文化程度的基础上进行的高等教育。高职教育的"高等"是相对于初等、中等职业教育而言的，是其培养目标的纵向定位；所谓职业教育属性，通常指它的培养目标是以技术应用型人才为主，其知识和能力结构具有特定的职业指向性。

综上所述，笔者认为高职教育是指，进行科学技术学科理论和相关技能学习，以及着重职业技能训练和相关理论学习的一种特定的高等教育。它属于高等教育范畴，所面向的是某一特定职业或职业群的实际需要，培养既具有相关技术理论知识，又具有较强指导能力和实践能力的高技术应用型人才。

需要说明的是，由于非学历性的高职教育发展客观上受外在的政策性影响相对较小，问题的要害和争论的焦点主要集中在高职教育的学历教育部分，为此，本文所讨论的"高职教育"概念限定在学历教育范围内。

（三）高职教育的特征

综上分析可知，高职教育培养的特点是高级性、职业性、技术性、区域性和实践性。其培养的技术应用型人才不仅要具备一定的知识理论基础，同时更要掌握过硬的实践能力，能够服务于基层和生产工作，并具有较强的服务能力和管理能力。

1. 高级性

高职教育属于职业教育体系中重要的一部分，理应划分在高等教育当中，所以职业教育体系和高等教育体系存在部分重叠。也就是说，高职教育所培养的人才属于高等教育范畴，因此也称高级专业人才。高职教育所培养的人才是适应社会各层次需求的技术应用型人才。高职教育的层次结构包括三个等级，由低至高分别为专科层次的高职教育、本科层次的高职教育、研究生层次的高职教育。结合当前我国发展水平和实际现状，对技术应用型人才的需求更多的是专科层次的高职教育。因此，我国的职业教育层次结构模式是以专科层次高职教育为主，其他两类教育为辅。可见，"高级"的范围内技术应用型人才在国家不同发展阶段的需求侧重点不同，具有鲜明的层次性，因此，人才使用也应具有目的性和层次性。

2. 职业性

高职教育的目的是提高学生的职业技术水平，并以此开展某种职业生产和管理教育，因而属于职业教育范畴。高职教育的教学安排是以职业岗位群实际需求为主，对当前职业岗位群进行深度剖析，了解人才规格，设计培养目标，明确高职毕业生所需的各项技能和综合目标，包括职业知识、职业能力和职业道德，前两者是高职教育重点培养内容，要求学生掌握一定的技术，学会使用新设备，以便将来能够快速适应新岗位。高职教育人才培养侧重于人才知识和能力两个方面，以适应就业为目的，具有明显的职业性特点。

3. 技术性

普通高等教育注重培养的是学科型和理论型人才，中等职业教育注重培养纯粹的技能型人才，高职教育则是培养服务于一线生产与服务的高级技术应用型人才。高职教育人才培养目标是毕业生在掌握某一专业理论知识的基础上，熟练掌握某岗位群需要的专业技能和组织能力。第一，可以有效解决生产中的各种问题，将工程图纸或技术意图转化为物质实体，正确指导生产现场工作，具备一定的组织和管理能力。第二，正确使用相关信息，善于交流与沟通，有能力改进本专业内的工艺、产品和指导设备。培养兼具理论知识、实践生产操作和组织管理能力的复合型人才。

4. 区域性

区域性是指针对某一区域提供服务，促进当地经济发展。而这也是高职教育人才培养的主要特点之一，将高技术应用型人才用于服务社会基层，推动地区经济建设，以乡镇企业和城市中小企业为目标，通过高技术应用型人才将技术和管理规范转化为实际的生产能力和服务能力。高职教育发展初衷与生存根本就是为本地经济发展提供优秀人才，因此，高职教育发展需要与当地社会环境发展相契合，以地方经济发展动态为导向，灵活调整和设置课程，规划专业教学内容，如此高职教育才能长久稳定发展，因此可以说，区域性是高职教育发展的根本要求。

5. 实践性

高职教育人才培养目的是服务于生产第一线，为当地提供高技术应用型人才，这类人才的要求是在掌握一定理论知识的基础上拥有过硬的实践操作技能，可以将知识和技术变为实际生产力。换言之，就是在实际生产过程中融入科研成果，准确转化科学理论，落实决策者的意图。由此可见，生产实践是实现基层知识技能与操作的重要基础，实践性是高职教育发展必不可少的要素之一。

第二章　乡村振兴战略的背景、要求与特征

第一节　乡村振兴战略的提出

一、乡村振兴战略的发展背景

（一）乡村的地位与重要性

从全世界的角度而言，无论是哪一个国家或者地区，随着发展程度的不断深化，都会面临对于城市与乡村关系的处理问题，而这一关系能否得到较好的处理将会对经济建设产生最直接的影响。早在2019年，中央就在一号文件《中共中央　国务院关于坚持农业农村优先发展做好"三农"工作的若干意见》中明确强调了"三农"工作对于经济建设的关键性影响及作用。与之前的多次强调相比，2019年中央一号文件最突出的特色就在于明确了"三农"工作的基本方针，确定了总的目标导向。同时，还明确指出，无论是哪一级政府，都应该牢牢坚持这一方针不动摇，以"农村优先发展"为目标导向，保证最终实施效果。2021年召开的中央农村工作会议对2022年"三农"工作作出明确要求和工作部署，要求全面推进乡村振兴取得新进展、农业农村现代化迈出新步伐。全面推进乡村振兴，是脱贫攻坚取得胜利后"三农"工作重心的历史性转移，也是推动我国经济转向高质量发展阶段的必然要求。

改革开放以来的经验和历史告诉人们，"农业优先"是一切工作的根本保证。农业经济的稳定将会直接影响农民生活的幸福感，也会对其他方面的建设产生最直接的影响。只有农民生活得幸福，农业的根基才能扎牢，国家的建设才会迈上新的更高的台阶。人和自然密不可分的关系正是以农

村为纽带，农村为社会的发展提供了物质根基。从国际社会的大背景来看，随着工业化进程的不断加快，社会要素的非农化倾向导致乡村建设的步伐变缓，各国普遍面临乡村衰落困境。当经济建设达到一定的高度时，无论是哪一类型的国家，都需要深刻思考如何持续推进乡村振兴这一新的课题。例如，法国的农村振兴、韩国的新农村建设等。我国自20世纪80年代之后，城镇化发展速度节节攀升，每年以1%的速度持续推进。乡村劳动力大量流向城市，他们远离了长期生存的农村，由此造成了乡村老龄化问题、空心问题等。长期滞后的乡村生活和城市生活之间的差距越来越大，这使得全面小康的实现有了明显的短板。在这种背景下，乡村振兴战略登上历史的舞台，其目的就在于从根本上解决城乡发展之间的二元对立。党中央将农村的发展作为提升国民经济建设的关键一环予以突出强调。不少研究者纷纷针对乡村振兴的发展背景、实现方式、基本内涵等进行了多元化阐释。社会各界都认识到了农村优先的科学性与正确性，对"重农业，轻乡村"发展路径的一种修正成为社会各界的共识。①

从现代化建设的经验来看，在国民经济当中，农业生产的占比不断下降，农村人口数量正逐年减少。不过，这并不意味着乡村在发展的过程中不断衰落成为一种必然。从我国的发展实际来看，乡村功能并没有随着城市化的进程而消失，国民经济当中，农村问题依然是一个核心问题，其性质没有发生根本的改变。尤其是随着我国经济建设的步伐逐渐加快，人民对于生活质量的要求越来越高，处理好"三农"问题成为处理好各种关系的核心和关键。正确处理好"三农"问题，依然是未来一段时间内的主要矛盾。"三农"的地位不会被削弱，反而会更加重要。乡村作为兼具农业、地理、经济、文化等多种功能的多元体，和城镇之间的关系是十分微妙的，二者之间彼此促进，构筑了社会发展与建设的空间区域。乡村的发展与建设情况如何，将会对国家整体发展产生制约。与城市相比较来看，我国社会的基本矛

---

① 陈秧分，王国刚，孙炜琳. 乡村振兴战略中的农业地位与农业发展[J]. 农业经济问题，2018（1）：20-26.

盾在乡村体现得更加明显，我国社会主义初级阶段的现实在乡村也呈现得尤为突出。要真正建设成为社会主义现代化强国，关键是要处理好错综复杂的乡村问题，将乡村发展与建设的动力激发出来，鼓足后劲，激发潜能，进而更好地实现发展的整体化。乡村振兴战略与我国社会发展的需求相契合，与国家未来发展的宏伟目标相一致，因此，其现实性价值呈现得更加明显。

（二）新时代对乡村的要求

目前，中国特色社会主义进入了新时代，必须正确处理好农业农村发展过程当中的基本矛盾，构筑起城乡协同建设、区域发展整合的基本运作机制与发展路径。坚持乡村振兴的路线与方针，走适合中国发展的、具有中国特色的全面振兴道路，使农业农村发展早日实现现代化。乡村振兴战略的提出有特定的背景，它继承了"三农"建设的基本方针，也与当前中国发展的实际相吻合。乡村振兴战略的提出，为新时代"三农"建设指明了基本的方向。为了更好地贯彻党的十九大精神，党中央高瞻远瞩，以特有的眼光擘画了我国乡村发展的蓝图，构筑了与国家发展实际相契合的基本机制。

乡村振兴战略的实施需要秉承一定的原则，高举中国特色社会主义思想伟大旗帜，在思想上以习近平总书记关于"三农"问题的重要论述为引领。同时，要看到习近平总书记关于"三农"问题重要论述的重要地位与关键指向。农村的发展、农民生活的改善都是国民生计发展过程中必须充分思考的一系列问题，从党的十九大之后，社会各界给予了"三农"问题较多的关注，以其为核心针对农业改革、农村生活富裕、农民生活改善等问题进行了多个维度的探讨，进而产生了具有时代性的一系列新的论断。习近平总书记针对农村发展、扶贫扶智、农村治理、城乡建设、综合改革等提出了新的、科学的论断。上述思想意蕴深厚、高瞻远瞩，将"三农"工作的发展方向、现实地位、未来趋势、基本规律、面临任务、形式体制、实现路径等进行了综合的阐释，成为习近平新时代中国特色社会主义思想中重要的组成部分，也是未来引领农村工作持续推进、进行不断变革的重要思想，对乡村振兴的实现提供了方法论指导。人们需要将其内化于心，以新的举措将其与实践紧密结合起来。

1. "三农"工作的顺利开展需要紧紧依靠党的领导

乡村振兴能否取得较好的实效，核心与根本就在于党。党对一切工作具有绝对的领导权，社会主义的建设与发展要紧密团结在党的周围，突出党的领导地位是非常重要的一项政治要求。党的领导充分体现出一切工作的指向，是对党的政治优势的真正践行。不断推进党对农村工作的指引，完善相关的体系与机制，保证乡村振兴工作能够取得现实的效果，将每项政策落实下去，见到实效；党对许多工作具有协调与统筹的作用，因而，党的正确引导能够促进农村经济建设的发展，丰富文化生活，保护生态环境，协调各个领域的发展，协调优化乡村振兴重要工作落地，顺利实现最终的目标；要突出党在干部管理方面的关键地位，遵从懂农业、爱农村、爱农民发展的重要规律，真正培养出为乡村振兴事业奉献自我的、综合素养较高的人才队伍。

2. 要秉承发展的基本思维

乡村振兴的实现需要以思维的革新为先导。党的十八届五中全会之后，党中央领导班子以其特有的战略眼光，创造性地提出了创新、协调、绿色、开放、共享的新发展理念。从当下实际而言，我国农业农村环境和之前相比在诸多方面产生了新的变革，乡村振兴需要正确处理好各种要素的关系。比如，怎样确保农民获得更高的收入？如何持续推进农业发展的新变革？怎样促进不同资源的整合？怎样的乡村治理格局才是最佳的？要想正确处理好上述问题，需要在思维与理念方面进行不断变革，厚植农业的基本根基，协调各项工作的发展，将短板补齐。要运用好创新思维，以科技为引领，促进农业发展提质增速，要推动农业发展领域的不断创新，使农业不断朝着现代化的方向迈进；要协调各方，化解城乡之间的发展矛盾，使三次产业能够高质量协同发展；要牢牢树立绿色发展思维，让发展更加生态、更为环保，进而打造和谐发展的良好局面；要具有开放思维，让农业发展走向市场，以包容的姿态兼收并蓄；要以共享思维为引领，让农民在乡村振兴过程中的重要性不断凸显，为他们积累更多的财富，提升其生活的满意度。

党中央多次强调，农村优先发展对带动社会各个领域的发展尤为重要，要按照产业兴旺、生态宜居、乡风文明、治理有效、生活富裕的总要求，建立健全城乡融合发展体制机制和政策体系，加快推进农业农村现代化。上述几个层面对于如何推进农业发展提质增速作出了很好的回答，也与农民对于生活的美好诉求完全契合，真正回答了未来乡村振兴能够实现怎样的目标，怎样以较快的速度实现这一目标等各种问题，为人们贯彻落实乡村振兴战略指明了基本方向。面对多元化的发展背景，第一，突出粮食安全对于国家整体发展的重要性。当下，粮食产能不断趋于稳定，国家的整体供给态势较好，环境较为宽松。然而，人们仔细观察就会发现，我国的粮食结构有待进一步优化，依然存在较为明显的主要品种结构性过剩和短缺并存问题。随着乡村振兴政策的深化落实，应该保证粮食产能整体趋于稳定，保证其生产水平不会有较大的波动。第二，构筑城镇发展与乡村发展的协同机制。要想真正实现乡村振兴，需要保证城镇化达到一定的水平，要完善产业结构，促进村庄结构的合理化。此外，随着城镇化进程的不断加快，必须有意识地引导各种资源向农村倾斜，将人才引进来，向农村投入更多的资金，将城市的辐射价值充分展示出来，为全面振兴的实现奠定扎实的根基。第三，构筑有利于农民增收的发展机制。我国之所以要实施乡村振兴战略，就是为了让农民感到幸福，而幸福的实现需要以收入的增加作为基本的保障。农民要想收入增加，需要相关的产业作为支持。第四，要分区域、分类别进行层次化推进。要根据区域的不同进行差异化指导，确保政策的精准实施，按照区域之间的差别，对不同的村庄差别化实测，最终形成类型多样的乡村发展新模式，构筑多样化的乡村振兴新样板。

二、乡村振兴战略的提出及总要求

（一）乡村振兴战略的提出及发展

2017年，习近平总书记在党的十九大报告中明确提出了实施乡村振兴战略。"三农"问题关系方方面面，因此，需要真正看到"三农"工作的重要性，将乡村振兴战略落实到位。

2019年中央一号文件指出，在新的发展时期，要将农业农村作为建设的一个重点，为乡村振兴战略的全面实施进行综合部署，这也为"三农"工作指明了前进的方向。2021年2月，中央一号文件《中共中央 国务院关于全面推进乡村振兴加快农业农村现代化的意见》发布，这也是21世纪以来对"三农"工作进行指导的第18个一号文件。为了将乡村振兴这项任务完成得更好，2020年，中共中央、国务院出台《关于实现巩固拓展脱贫攻坚成果同乡村振兴有效衔接的意见》，明确了重要任务。2021年4月，《中华人民共和国乡村振兴促进法》正式通过。从2022年两会的调查结果来看，人们对"乡村振兴"的关注度持续提升，位居第八位。

乡村振兴战略的实施真正体现出农业农村的发展需要以一定的科学理论为指引，也说明了理论与实践之间的必然联系。乡村振兴的落地实施需要以一定的农业化发展理论为指引。农业农村发展的理论是在实践的过程中不断积累起来的，随着实践的发展这一理论得到丰富。从根源上来看，乡村振兴战略与马克思关于农业发展的相关论述一脉相承，它源于农村实践的积累，也与当下农村的发展诉求相吻合。从当下农村发展的现实情境来看，创造性地提出各种各样的新对策、新布局是顺应时代发展的，要想保证对策的科学性，需要综合思考农业现代化、农村发展实际状况等多方面的问题。

中国共产党自诞生以来，始终关注着农业现代化等一系列问题，这是亘古不变的课题。随着生产力的不断发展，相关的论述不断丰富和创新。党的十八大之后，我国在农业发展、农村建设等方面取得了卓越的成绩。当前，在多种要素的综合影响下，社会矛盾发生了巨大变化。时代的发展总会赋予社会新的特征。乡村振兴也不是一元化的，它涉及经济、政治、文化、生态、社会等多个领域，这种振兴是全方位和多个领域的。和之前的新农村建设比较来看，乡村振兴要义更加丰富，涉及的范围更加广泛，因此，后者可以被看作前者的升级与革新。

（二）乡村振兴战略的总要求

1. 产业兴旺

上层建筑和经济基础之间的联系尤为紧密。如果没有较好的产业发展，乡村振兴就是无源之水。从本质上来看，产业兴旺最终的目的是促进生产力的不断提升。就我国乡村经济发展现实情境而言，国民经济当中，三次产业占据的比重是相对较小的，我国经济发展的总体布局当中，乡村产业贡献率偏低，其组成也较为单一。人们应该怎样认识产业兴旺成为一个关键。人们不能简单地把它看作乡村产业经济领域的发展。从很大程度上来说，产业兴旺与城镇化之间的联系尤为紧密，二者彼此促进，互相制约。大量农村人口涌入城市安家落户，能够进一步促进乡村生产情况的变革，这也是促进生产力提升的一种重要方式。特别要强调的是，粮食安全是一切工作的核心，产业兴旺也是如此。面对粮食进口数量的逐年攀升，我国需要警醒。同时，国内一些粮食有着较大的库存，造成供给之间的严重矛盾，要实现产业兴旺，需要优化粮食结构，让发展更加绿色，让人民的诉求不断得到满足。

2. 生态宜居

生态宜居是实现乡村振兴的另一要义，党的十九大报告首次取缔了"村容整洁"的说法，明确提出了"生态宜居"的基本要求。21世纪初，我国农业的发展一直都是以增产作为一个基本的发展目标，忽视了环境方面的治理，也没有将环境建设作为一个重点予以强调。农村的发展比较滞后，农业长期停滞，对农村环境的要求也相对较低，因此，把"村容整洁"作为目标提出。目前，我国国情较之前有了明显的变化，经济的发展不能以破坏环境为代价。农业农村建设过程中的环境破坏等问题日益突出。当前，我国需要综合治理农村环境，以绿色发展为基本理念，不断进行"厕所革命"。农民生活水平不断攀升，生活的品质也有了明显提高，美好生活成为每个农民的向往。"生态宜居"的提出，恰好顺应了城乡协同发展的根本诉求。在过去的发展过程中，我国面临严重的城乡失衡问题，城市的环境要比农村好很多，城乡差异呈现扩大趋势。"生态宜居"的提出为城乡差异的缩小提供了可能，也使得社会公平能够早日实现，原有的二元对立格局被打破。实现"生态宜居"，才能让村民从内心中感到幸福，才能让乡村记忆永久流传下来，让乡土文化发扬光大，乡村的发展才能够更加可持续。

3. 乡风文明

尽管前后都有"乡风文明"的基本目标，但乡村振兴战略背景下所强调的"乡风文明"有着更加丰富的内涵，它包含的内容更广。乡村要想变得更美，文化必须作为支撑。乡村振兴需要文化作为内在架构。在快节奏的社会发展背景下，社会关系、人们的思维方式以及社会机构都有了明显的变化，精神方面也面临着突出的问题。比如，碍于情面，一些人情消费给村民带来了生活方面的负担，一些陈规陋习在农村地区长期存在，等等。"乡风文明"要做的就是搭建起物质与精神方面的沟通桥梁，让本土文化的影响力不断扩大，让本土品牌"走出去"，挖掘品牌背后的文化内涵。同时，要在时代背景下进行创新，让农民的道德品质不断提升，法治思维逐步建立，形成社会整体向善、和谐互助的良好氛围，倡导文明生活，将乡土文化流传下去，让乡村文化拥有无穷魅力。

4. 治理有效

原有的"管理民主"被"治理有效"所取代，人们能够通过这一变化看出，农村治理在未来的一段时间内将会成为一项重要的课题，其内涵更为广泛。21世纪初期，伴随着农村税费改革程度的不断深化，部分基础设施建设的资金来源依然依靠农民，相关的补贴政策还不够完善，基层选举机制还没有完全成熟，不少和农民休戚相关的工作亟待进一步强化。在这种背景下，"管理民主"顺势诞生，这是对农民权利的尊重，也充分展示出农村自治的价值与重要性。伴随着社会结构的成熟与完善，农民的诉求日益多元，各种资本不断涌入，人口发生了明显的流动。这种情况下，"管理民主"显然与社会的发展相互背离，仅仅依靠村民进行农村发展与建设存在较大的缺失。这种情况下，我国需要发挥法治的力量，让不同的矛盾得到缓解和调和，"治理有效"应运而生。它强调村民应该坚持自治，让法治、德治的效果更好，进而打造多元治理的崭新格局。要让村民自治的效果更加明显，让无数农村基层组织的价值得到释放，保障农民的权益，发挥乡贤的作用与价值。"治理有效"需要以高质量的法治为支撑，要按照法律来处理社会事务，让全体民众懂得法律、依靠法律、运用法律，将法治的地位维护好、确立好。同时，将德治和法治结合起来，发挥乡村模范的示范带头作用，破除固化的习俗和思维，让陋习不再，推动农村治理的科学化、高效化，推动和谐乡村的建设迈上新台阶。

5. 生活富裕

21世纪初，农民的生活水平较现在有较大的差距，恩格尔系数较现在高得多。在那个时候，农村没有更多的就业机遇，低保制度没有出台，义务教育需要家长承担部分费用。在这种背景下，"生活宽裕"成为未来一段时间内的基本奋斗目标，这与当时的社会发展是相互契合的。乡村振兴战略背景下，"生活富裕"成为人们的奋斗目标，这也充分彰显出我国城乡差距正在不断缩小。从恩格尔系数的变化来看，2016年，我国的恩格尔系数维持在30%左右，依照联合国的相关标准，恩格尔系数在40%以下可以被看作相对富裕，因此，这一提法与我国的发展实际是完全吻合的，也是可以贯彻落实的。农民的经济条件转好之后，他们的生活质量才会提升，衣、食、住、行的条件才会得到更好的改善，这样，乡村振兴的目的才能够真正实现。除改善生活条件外，还要不断推进社会公平建设，让人的发展更加全面，让村民对生活的满意度不断提升。

第二节　乡村振兴的内涵

笔者认为，乡村振兴是基于现阶段乡村发展困境及新时代发展需求而提出的对乡村价值的再认识，是乡村经济、政治、文化、社会、生态、"五位一体"的系统性振兴与可持续发展，其含义主要从两个维度进行解读：第一个维度是过程，乡村振兴需要一个漫长的发展过程，包含产业、人才、文化、生态和组织五个方面的振兴，各方面的振兴发展都是一个逐步发展、逐步成熟的过程，且五个方面互为依托、相互促进。第二个维度是状态，乡村振兴是乡村发展的最终目标，就是要统筹协调城乡利益，扭转"重工业轻农业、重城市轻农村、重市民轻农民"的局面，最终实现农业农村现代化。从这个角度认识乡村振兴，则其状态特征包括产业兴旺、生态宜居、乡风文明、治理有效、生活富裕五个层面，这五个层面也为乡村振兴发展指明了目标和方向。为此，乡村振兴的具体内涵应从下面五个方面进行解读：

一、发展乡村产业，实现产业兴旺

乡村产业振兴是乡村振兴的基础。乡村产业振兴就是要立足本地的资源禀赋优势，围绕现代乡村产业发展目标，深化农业供给侧结构性改革，以满足消费者需求为导向，增加农产品数量的同时重视农产品质量的提升。加快推进农村三次产业融合发展，发展壮大农村新产业、新业态，构建现代乡村产业体系，推动乡村经济高质量发展，最终实现产业兴旺，促进农村繁荣，缩小城乡差距。而推动现代产业发展的关键，在于优化调整农业结构，加快现代产业体系、生产体系和管理体系建设，促进乡村产业由数量速度型向质量效益型转变，提高乡村产业创新能力和竞争力，保证乡村产业发展的高质量、高效益和可持续。

二、培养乡村人才，提高致富能力

乡村人才振兴是乡村振兴的关键。只有人才振兴，才会产业振兴，实现生活富裕目标。要把乡村人才建设摆在乡村发展的首要位置，强化乡村振兴的人才支撑。需要建立健全乡村人才发展的体制机制，培育本土人才，探索人才加入机制，吸引人才、留住人才，激励各类人才在乡村振兴中积极发挥作用。同时，重视提升农民自身的文化素质和致富能力，培养新时代知识型、技能型、创新型、爱农村、爱农业的农民群体，打造一支强大的乡村振兴人才队伍，为乡村振兴的可持续发展提供源源不断的文化支撑、智力支持和精神支持，提高乡村振兴发展的内生动力和活力。

三、弘扬乡村文化，实现乡风文明

倡导科学文明健康的生活方式，传承和弘扬农村优秀文化艺术，健全农村公共文化服务体系，加强乡村思想道德建设和公共文化建设，发掘和培养优秀的乡村本土文化人才。通过文明乡风、良好家风、淳朴民风的"三风"行动，深化农村精神文明建设，促进农耕文明与现代文明有机结合，改善乡村居民的精神面貌，丰富农村居民的精神生活。繁荣发展乡村文化，既要注重乡土文化的历史传承，又要重视弘扬文明新风尚，提高乡村社会文明程度，实现乡村文化振兴。

四、保护乡村生态，实现生态宜居

生态宜居是实现乡村振兴的重点。良好的生态环境是乡村发展的天然优势和宝贵财富，保护好乡村生态环境，留住美丽乡愁，实现美丽乡村与美好生活的有机融合，是乡村价值的重要体现。乡村发展必须树立尊重自然、顺应自然、保护自然的科学发展观，促进乡村自然资源的可持续发展，实现百姓富和生态美的统一。坚持绿色发展，加强乡村突出环境问题综合治理，扎实推进农村人居环境治理，做好农村生活垃圾分类、农村厕所整治、农村生活污水治理、农业面源污染治理等重点工作，改善村容村貌，提升乡村人居条件，改善乡村生产生活环境，优化乡村空间布局。

五、强化乡村组织，实现有效治理

乡村有效治理是实现乡村振兴的重要手段。乡村振兴离不开有序发展，而良好的秩序离不开有效的治理。乡村是国家治理体系中最基本的治理单元之一，是整个国家治理体系的重要基础和有力支撑，也是实施乡村振兴战略的基石。依法实行村民自治，发展新型农民合作经济组织，建立健全以"党委领导、政府负责、社会协同、公众参与、法治保障"为主体的现代农村社会治理体系，提升乡村治理能力与水平，促进乡村经济社会稳定发展。要实现有效的乡村治理，必须优化乡村组织体系，以提升组织能力与组织凝聚力为重点，打好基础，补齐短板，增强功能，培育优秀的农村基层党组织领导班子，深化村民工作，提高村民参与治理的积极性，实现对乡村的有效治理。

总而言之，乡村振兴包括乡村产业振兴、乡村人才振兴、乡村文化振兴、乡村生态振兴和乡村组织振兴五个方面。乡村振兴是一个有机整体的系统工程，高度呼应了中国特色社会主义事业的"五位一体"总体布局，是经济建设、政治建设、文化建设、社会建设和生态文明建设在乡村建设中的具体体现。

从乡村振兴发展的过程性来看，在经济方面，产业振兴是乡村振兴的核心过程；在乡村社会发展方面，人才振兴是首要任务；在政治方面，组织振兴是乡村振兴发展的基本保障；在文化方面，文化振兴是必不可少的关键环节；在生态发展方面，生态振兴是乡村可持续发展的关键。

从乡村振兴发展的状态性来看，产业兴旺是乡村振兴的核心内容，生活富裕体现了乡村振兴"以人为本"的思想，乡风文明是乡村振兴的灵魂，也是乡村振兴的精神支柱，而生态宜居是乡村振兴的应有之义，也是乡村振兴的内在要求，治理有效则是农民基本权益的根本保障。

从乡村振兴发展过程性和状态性的辩证关系来看，乡村振兴发展的状态和过程互为因果，互动反馈，相互促进。改变乡村发展现状的动力推动着乡村振兴的进程，而乡村振兴的推进反过来必然会改变乡村发展的状态。具体来看，产业兴旺需要乡村人才支持和乡村文化的引领，乡风文明需要文化振兴、人才振兴以及组织振兴的辅助推进，治理有效是组织振兴的结果，同时也需要人才振兴的支持，生态宜居状态的改善需要生态环境治理的有效开展，而生活富裕的达成是产业振兴和人才振兴的必然结果。

第三节　乡村振兴的本质与特征

一、乡村振兴的本质

（一）乡村经济振兴

乡村经济振兴是乡村振兴的物质基础。只有经济得到发展，乡村的物质生活水平以及物质生产能力才能够真正得到提高，同时影响和带动乡村政治、乡村社会、乡村文化、乡村生态乃至整个乡村的振兴发展。乡村产业振兴的发展过程，也是乡村产业兴旺的实现过程，是乡村经济发展的必由之路。乡村经济振兴的本质是优化乡村产业结构，提高乡村产业科技含量，推动乡村产业融合创新。

（二）乡村政治振兴

乡村政治振兴是乡村振兴的可靠保障。乡村政治振兴有利于调动人民群众的创造性与主动性，提高乡村居民的参与意识，完善健全乡村法治与德治。在乡村发展过程中，乡村民主政治必须适应人民群众参与政治的诉求，建立人民群众愿意参加、可以信任的乡村各级组织，包括乡基层政权、乡村基层党组织等，发挥村级党组织在群众中的桥梁纽带和主心骨作用，大力加强农村的道德建设、法治建设、诚信建设和公共服务体系建设，进一步改善农村公共服务环境，完善服务设施，提升服务质量，提高组织凝聚力，完善各级乡村组织的职能，为乡村有效治理奠定组织基础。

（三）乡村文化振兴

乡村文化振兴是乡村振兴的灵魂。实现乡风文明主要依靠文化振兴，应重视乡村振兴中的文化传承，突出乡村特色，保留乡村传统美和特质美。要把依山傍水、小桥人家、青砖黛瓦作为乡村特色文化的一部分，把乡村文化铭刻在乡村发展理念中。同时，文化繁荣可以为乡村经济社会发展提供精神动力和智力支持，良好的科学文化素养、崇高的理想信念和道德情操，有助于乡村文化创造活力的充分释放，能够推动文化创新成果的不断涌现，并最终反馈到乡村发展的实践。

（四）乡村社会振兴

乡村社会振兴的基础是乡村人才振兴。通过乡村人才振兴，可以汇聚足够的人才资源，有助于推动乡村振兴发展[①]。一方面，实施乡村人才振兴可以引进和培养愿意在农村扎根、热爱农业和农村的城市人才，促进乡村社会发展；另一方面，把城市人才积累的经验、技术、资金及管理等带到乡村，能够造福乡村，激发乡村发展的内在活力。党的十九大报告提出了实施乡村振兴的伟大战略，为新时代的中国乡村绘制了宏伟美好的总蓝图，建设高素质的村级干部队伍，激发乡村现有人才活力，充分调动农民的积极性，解决人民最关心、最直接、最现实的利益问题，让人才振兴成为推动农业农村现代化的内生动力，是乡村振兴发展的重要抓手。同时，乡村社会振兴建立健全乡村社会管理和社会保障体制机制，是乡村社会和谐安定、长治久安的重要保障。

（五）乡村生态振兴

通过生态振兴，实现生态宜居的总目标。一方面，"绿水青山就是金山银山"，解释了生态发展与经济发展的紧密联系；另一方面，绿水青山也是生存之山、栖息之山，是人类生存的基础。只有重视生态保护，将人与自然的和谐发展作为乡村振兴发展的前提和基础，才能真正实现乡村振兴发展的宏伟目标。只有农民群众的生态意识增强了，乡村生态振兴才有坚实的群众基础。生态振兴就是要把生态文明建设作为乡村振兴的重中之重，高度重视农村人居环境建设，切实加强领导，科学规划，精心组织，加强农村基础设施建设和环境整治。

---

① 黄玉林. 乡村人才振兴困境及其破解途径[J]. 南方论刊，2020（5）：15-18.

二、乡村振兴的特征

乡村振兴涉及资源、经济、文化、自然等乡村发展的多方面内容，是一个经济、社会、人口、空间和环境等协同发展的动态过程。乡村振兴是乡村生产、生活、生态全方位的发展，它的具体特征主要表现在科学性、动态性、层次性、经济性、实践性和逻辑性等方面。

（一）乡村振兴具有科学性

乡村振兴属于系统科学的范畴，具有科学性。一方面，乡村振兴应立足于中国乡村发展的实际，遵循乡村发展的客观规律，充分考虑乡村的自然条件与先天禀赋，因地制宜，循序渐进，不能违背科学性原则，盲目开展乡村建设；另一方面，乡村振兴不仅仅是一个村镇建设的问题，也是一个融合农业、农村、农民三个层面共同发展的问题，更是一个城乡融合和人与自然和谐发展的问题。可见，乡村振兴不仅仅是乡村经济建设，更是囊括了乡村经济、社会、政治、生态、科技、教育、文化、交通等多个方面的整体发展战略，必须从系统论思想出发，在完备的科学体系指导下方能完成。

（二）乡村振兴具有动态性

乡村振兴是一个过程，是长期演变的结果，具有动态性。乡村的概念和内涵本身是随时代的变化而不断演变的，乡村这一名词本身就带有发展的动态性。乡村振兴作为新时期农村发展的新阶段，必须与时俱进地反映时代特征。每个时期乡村发展的状态不是一成不变的，它随着乡村社会的发展而发展，所以乡村发展过程中要解放思想，把握时代发展的脉搏，立足当下，不断创新。

（三）乡村振兴具有层次性

乡村振兴是立足现有基础和条件下的全方位、多层次、宽领域的乡村发展过程，因此，乡村振兴应坚持系统思维。系统是诸多要素以特定结构形成一定功能和层次的有机整体，现代系统论从整体与部分出发，以整体为核心兼顾要素，提出整体发展是要素、层次、结构、功能和环境共同作用的结果。乡村振兴主要针对农业、农村、农民三大主体的发展问题，应紧密围绕乡村发展系统的结构特征和功能需求，逐层开展乡村振兴工作。可见，层次性是乡村振兴工作的客观要求，从功能实现角度来看，可以将乡村振兴工作划分为三个层次，即浅层功能阶段、中层功能阶段和深层功能阶段。

（四）乡村振兴具有经济性

乡村振兴发展的原始动力来自乡村经济发展的需求，因此，乡村振兴具有经济性。乡村振兴的首要目标是经济振兴，同时，经济振兴又是乡村振兴发展的基础。经济性是乡村振兴发展必不可少的特性，没有经济特性的乡村振兴不是完整意义上的振兴。作为推进农村经济社会全面发展的一项国家战略，乡村振兴必须以强大的农村经济为后盾。而乡村产业振兴，一方面为乡村经济发展提供了动力，另一方面为乡村经济发展的质量和可持续性提供了保证。

（五）乡村振兴具有实践性

乡村振兴是一项实实在在的系统工程，不能只停留在理论研究的层面，实践性是乡村振兴的本质特征之一。乡村振兴是一项需要全社会参与的社会活动，不是自发的自然现象。同时，乡村振兴需要科学的理论指导，需要建立在对乡村振兴理性认识的基础之上，并需要经过实践的检验。从某种意义上来说，乡村振兴理论的目的和价值能否实现依赖于乡村振兴实践的成败，没有实践的推动，乡村振兴理论就不能得到验证和丰富；没有实践的推动，乡村振兴便失去了过程性，只能始终停留在一种预期状态，也就失去了存在的意义。

（六）乡村振兴具有逻辑性

乡村振兴是现代乡村发展理论指导乡村发展实践的有序活动，需要遵循严格的逻辑框架，是具有逻辑性的实践行为，乡村振兴实践需要科学把握逻辑起点和逻辑思路。通过对乡村振兴理论的剖析，相关理论可以概括为三个部分：第一部分是与乡村振兴相关的观点和假设，这是乡村振兴的逻辑起点，它决定了乡村振兴的基本价值取向；第二部分是乡村振兴的基本理论基础，它是指导乡村振兴实践的基础和理论指导，同时也是乡村振兴可行性的关键；第三部分是乡村振兴的具体实践，也是乡村振兴的实际落脚点。从乡村振兴的理论与逻辑分析，到乡村振兴的具体实践，是乡村发展实现质的飞跃的必由之路。

第三章 高职教育的价值、定位与功能

第一节 高职教育的价值内涵

高职教育作为一种教育类型，已经被广泛地接受，高职教育的规模和功能也在实践中得到了充分的体现。然而，面对未来的发展，各种观点繁杂，都有其依据和道理，认真梳理高职教育的价值问题，是确定高职教育发展方向和立足点的基础。

一、"三个需求"的价值分析

从狭义上看，高职教育指的就是学校教育。大众对教育的本质认识是实现人才培养的社会活动[1]。其主要包括三层含义：一是推动个体的全面发展，这也是教育的根本价值和最终目的。个体全面发展包括生理上和心理上的发展，从教育意义上看，更倾向于心理上的发展，也可以认为是社会属性的发展，换言之，就是指个体的社会化水平。马克思认为，个体全面发展的核心是去除异化，实现共同发展[2]。心理学上对社会化的理解是能够帮助学生提高自身各方面认知能力，包括想象能力、思维能力和观察能力等，使其形成正向积极的情感态度以及各种良好品质等。学生在成长过程中其心理也随之发展变化，而心理的变化属于内在成长。学校开展教育实践活动需结合学生的心理发展规律，以学生为核心，根据学生实际情况设计学习活动。依据学生现有的认知水平安排教学内容，选择适宜的教学

---

[1] 黄济. 教育哲学[M]. 北京：北京师范大学出版社，1985：31.
[2] 黄济. 教育哲学[M]. 北京：北京师范大学出版社，1985：76.

方法，与学生学习水平相契合；同时教学过程应控制好进度，循序渐进，与学生心理规律相符；将学生的心理结构纳入教学评价参考标准当中。总之，教育教学应满足学生的心理发展规律，以学生心理成长为目标，促进学生身心的全面发展。

二是教育过程具有显著的社会属性，是群体之间的交流互动，人作为活动主体享有重要地位。教育学认为教育的定义分为广义与狭义两种解释，其中从狭义上看，是指学校教育，是教育者以学习者身心发展为目标，开展的一系列有计划、有目的且系统性的活动，对学习者产生深刻影响。简单来说，教育就是借助系统性、计划性和目的性的活动，通过对学习者产生影响而促进其身心多方面的改变①。这种活动的本质就是师生之间共同影响，师生关系就是活动中人与人的关系，这一关系是在长久发展过程中相互影响逐渐形成的，即教学相长。一方面，借助教育的手段培养人才；另一方面，开展教育教学活动同样对教师和学校的发展起到明显的促进作用。教育需求主要体现在两个方面：首先，借助教育教学活动进一步完善教学内容和教学模式，健全课程体系，提高专业教育系统的有效性和科学性，强化专业实力；其次，教学活动让师生在互动过程中不断提高自我，既能够促进学生的人格发展，又可以增强教师的教学能力和专业能力。专业实力也属于个体的能力之一，教师的专业实力属于教师能力，学校师生课堂上的互动沟通是实现教育自身发展的重要途径。

三是教育培养活动的主体是社会人，教育培养形成的全面发展的人才须满足社会需求，是具有一定社会化程度的人。学校教育需要与现实社会需求相契合，学校性质不同，相应的社会职能也不同。而高职教育就是为社会提供行业需要的技术技能型人才，职业院校为企业与行业提供需要的专业技术人才，其功能就是满足市场人才需求。

---

① 黄济. 教育哲学[M]. 北京：北京师范大学出版社，1985：76.

二、"三个需求"指导下的课程体系

院校通过课程完成专业人才培养，实现院校人才培养内容的有效传递。课程能够将抽象的学习内容明晰化、系统化，是教学方式使用的基本依据；课程规定了师生的教学进程，将知识培养过程中的人与事相连接；展现人才培养过程，践行专业培养目标。课程是高校教师完成人才培养的重点目标，体现高校自身个性化的知识结构。专业与课程相比，学校中的专业属于实际特定目标框架，涵盖课程且能够表达课程关系与体系结构，是教学教育体系中表现供给侧改革的重要途径，而课程则是具备本质化的教学单元。

高职教育自开始创办以来，一直关注学习者的知识与技能培养，有效缓解过去教育中高分低能的情况，将课程学习与现实企业岗位需求相挂钩，满足行业与企业人才需求。因此，相关高校的教学内容上都是以企业工作为基准展开设计，同时为高职教育提高社会认可和地位。但是当前国内的高职教育也存在一定弊端，那就是过于看重市场需求，追求某一特定岗位的技能操作，忽略了学生自身的职业能力培养，学生缺乏知识技能迁移能力。另外，对企业现阶段的工作需求关注过多，未能重视学生通用技能教学，没有挖掘学生潜能，影响学生职业生涯长久稳定发展。而且在教学内容和教学方式上缺少创新和改革，教学方法陈旧呆板，急需进行全面改革。

建设新型的课程体系是展现"三个需求"理念的重要手段，其中新型课程体系是指课程的本原意义重新整合校内外的有效教育资源，促进教育资源的"课程化"，以达到学生全方位成长的目的。英语中的"课程"表示为course，也翻译为"跑道"，引申含义是指学习者的发展需求、生活学校、人生轨迹与学校教育之间的互动关系，这一点完全符合全面发展理念中对广域课程观的理解。广域课程观中高职院校的课程体系应强调涵盖显性和隐性课程的"生态型"课程体系，包括实体与虚体、主体课程与补充课程等。其中显性的实体课程包括四种基本类型，即基础综合类课程、社团兴趣类课程、实践技能类课程、社会实践类课程等。而隐性课程则是指教师的言行举止、校园文化、学校制度以及各种标志等。这些课程共同拥有的特点是无论如何分类都能满足各方面需求，如生长性、丰富性、多样性、现实性、灵活性等。第一，课程内容应与现实生活紧密相连，满足学生身心成长特点；第二，多元化的课程种类，满足学生个性化的需求；第三，课程数量众多，学生拥有充分的选择空间；第四，课程组合方式灵活，可组合成不同学术专业实践应用专业体系；第五，课程内容可以根据实际情况自由调整，及时更新、补充和删减不合时宜的内容等[①]。

课程改革的核心与主体是课程系统构建，主要分为以下几点：第一，建立新型的课程机制，如学院课程结构，学生学分构成，公共课程、专业课程安排，必修课和选修课的比重和数量安排（其中必修课程包括必修内容与选修内容），如何计算课程时间，课程配比，学分管理制度与登记制度，等等；第二，专业课程体系、设置专业课程内容、不同课程关系、如何安排课程顺序、对实践课程与理论课程进行汇整等；第三，选择和开发教材内容，匹配适合的教学媒体，同时还包括课程标准建设、课程开设目标和相应的课程考核方法；第四，课堂教学组织形式、教学进程环节安排、教学单元的设计（教案）、教学场所、教学方法、单元作业成果等；第五，隐性课程建设，如学校的环境文化、专业文化、制度文化、行为文化，教师自身的言行举止产生的教学风格与学术修养；第六，活动课程建设，如学生课余时间的科普活动、艺术活动和文化活动。

综上可知，教育课程体系的论证主要包括以下三点：第一，课程的作用是实现社会人的培养，是实现教育的重要载体，课程内容围绕培养人展开，课程的目的是促进学生的全面发展，满足其职业需求；第二，课程具有职业化特点，可以发挥高职教育的社会功能，为社会不同行业提供高智能的劳动力，满足其人才需求；第三，学校教育重要的要素之一就是课程，教育机构发展情况与课程的系统化、社会化、信息化和动态化水平密切相关。通过课程可以了解学校整体专业实力，了解学校教师的发展情况

---

① 覃川. 全面发展视角下高职教育课程改革[J]. 中国高等教育，2015（Z1）：62-64.

以及教学实际需求。

青岛职业技术学院的示范院校结合学院实际挑战与发展战略目标对课程概念进行重新阐述和定义，提出"大课程观"，基于课程概念的内外两个层面实行拓展和充实。这种革新改变了传统课程的局限性，即仅以校内学科教学计划设定教学科目与学时规划。换言之，就是将学生课余时间内开展的各项群团类活动也作为课程内容，如学院教师的言行举止所展现的精神面貌、校园环境以及学校生活等，将所有可影响学生成长的因素都纳入课程当中。学院人才培养方案中设计的课程体系包括了学生科研活动、志愿者活动、社团活动、自主阅读活动、社会实践活动等，对这些活动设计对应的学分，并以课程化方式进行管理。

三、"三个需求"下的人才培养过程

人才培养模式指的是以达成教育目标为导向，在教学活动中融入教育理念等，最终设计相应的教学系统。模式的英文单词是model，起源于科学哲学，是从一般方法中进行引用的词汇。原指"模型""模式""范型""典型"等，是将理论内容、原物采用符号与实物的形式重新展现出来。关于一般模式的定义，比尔和哈德格雷夫两位美国学者认为主要分为三个层面：第一，模式具有理论性；第二，模式再现了现实情况；第三，模式是理论简化后的再现。人才培养模式属于科学理论模型范畴，是一种以受教育者身心发展为目标开展的有组织性、计划性和目的性的社会实践活动，研究如何使用最少的投入让受教育者的身心获得最佳发展效果，是一种科学的教育研究方法。

陶行知先生认为应当实现教、学、做三个方面的有效统一，即"教学做合一"，指出实践对学习具有重要意义。而"学教做合一"则以现实生活中的问题为出发点，颠倒"教"与"学"的位置，强调思维习惯的重要意义。传统课堂中教师属于课堂主宰，学生只是被动接受学习，严重压抑了学生的学习热情，学习主体的地位被忽视。国内学生一直被局限于各种条条框框当中，学习主体位置无法体现出来。因此，调换师生教与学的角色位置，重新梳理教学关系，以人性化的价值取向和理念开展教学活动。从名词上看，"学教做合一"当中，"学"指的是学生，应当置于师生关系首位，"教"是指原因，缺少学生的参与，教师与学校的存在则毫无意义；从动词上看，"学"是具有目的性和根本性的学习活动，调动学生学习热情和积极性才能发挥教学活动成效，呈现出和谐、高效的教学结果。换言之，高职院校学生应培养自主学习能力，调动其内在潜能与创造能力[①]。

目前的高职教育教学过程，很少进行学情分析，在准备材料时有，在准备大赛中有，但在平时学习中没有；表面上有，实际上没有。教学一定程度上根据教师喜好、教师既有的能力和习惯进行设计，而没有从学生角度出发，做到有的放矢。

在人才培养模式方面，也同样体现着"三个需求"的内涵：第一，"学"字当头，把学生放在教育行为的起点和归宿的地位，体现着教育的目的性——培养人才，同时关注学生的学习能力和学习习惯，体现学生成长的发展需求和现实需求；第二，注重职业实践的教学模式设计，体现了职业活动的内涵特征，体现着人才市场的需求；第三，教育教学中师生以课程、项目作为载体的互动，实现教学相长，在教育学生的过程中，实现了教师的自我教育和自我完善，丰富了学校的积累，实现了教育教学对学校的反哺，体现教育自身的需求。

"学教做合一"，是高职人才培养体系基本框架，可以落实在不同的层面。在学校层面，体现在人才培养方案、人才培养模式、课程体系结构和课程制度改革等方面。在教师层面，可以体现为教学设计、教学实施和评价以及自我职业生涯发展。在学生层面，可以体现为专业学习中的学习研讨、小组活动，各类群团活动中的学习和自我教育、自我完善。在校企合作层面，体现为共同参与课程开发和教学过程，以及相互之间的学习借鉴。

---

① 覃川. 关于"学教做合一"人才培养模式的哲学思考[J]. 中国高教研究，2015（11）：106-110.

第二节　高职教育的社会定位

一、高职教育定位的相关概念

定位是指在系统中找准自身明确的位置，是开展后续工作的重要前提。高等学校建设要找准自身定位，明确高职教育发展目标，厘清教育本质和属性。中国高职教育定位研究最主要的是找准高等学校定位，明确高等学校相关概念和具体分类，以及高等学校范畴的内涵与外延。而实现这一目标就必须厘清定位、高等学校定位以及高职教育定位之间的差别。

（一）定位

"定位"一词在《现代汉语词典》中有两种解释：一是采用仪器测量物体位置；二是"定位"的本义，即完成测量后明确的位置。[①]

《辞海》中"定位"的概念是：进行零部件或工件的加工、测量和组装时，根据零部件已经确定好的方案将其镶嵌在对应的物体表面，如夹具、机床或其他零部件，从而明确位置的这一过程[②]。本文研究的"定位"使用的是其引申含义，它是指考察和明确高职教育在高等教育体系和社会系统中应处于的位置。

（二）高等学校定位

学校定位指的是学校的办学理想与价值目标，包括学校的角色定位、办学方向和办学特色。高等学校定位是学校定位的进一步扩展和延伸，具体是指高校根据自身发展情况以及内外环境找准学校发展方向，明确发展目标，确定社会大众心中高等学校的地位。高等学校定位需考虑五点：学生需求、学校条件、具备职能、社会需求和国家需求，坚持扬长避短的原

---

① 中国社会科学院语言研究所词典编辑室. 现代汉语词典[M]. 北京：商务印书馆，1983：255.
② 夏征农. 辞海[M]. 1989年版缩印本. 上海：上海辞书出版社，1994：1138.

则，结合学校类型与层次划分，通过横纵向对比分析准确看待自身拥有的条件和不足，从而找准学校发展目标、服务方向和具体范围，以此开展相应的教学活动。各高校之间定位不同，所承担的教学任务不同，自然其服务功能种类和范围也不相同。中国高等教育学家潘懋元认为，高等学校定位除基本的高低层次定位外，还包括学科门类定位，其中高等学校人才培养职能是这些定位的主要依据①。

（三）高职教育定位

高职教育定位实际上是高职教育对自身理想的一种追求，同时也是社会公众的一种期盼。其实质就是找准高职教育在社会和高等教育的前进过程中属于自己的发展空间，以及自己在发展过程中的相应位置。高职教育定位一般包括理念、目标、层次、类型、学科、教学、布局、运作、管理、规模等方面，每个方面都有一定的选择范围与空间。其中办学目标、类型与层次的定位是高职教育定位的基本方向。

笔者认为，"高职教育定位"这一概念包括了两层含义：第一，从整个社会系统和高等教育体系来看，是政府部门以及教育行政部门根据高职学校自身的基础和优势、国家和社会需要以及学生成才的需求，通过有效的制度安排和机制对一个国家、地区的高职教育进行宏观调控和引导，对高职教育的角色和任务进行宏观规划，人们称为"高职教育定位"；第二，从具体单一的高职学校微观角度来看，高职教育定位是高职学校对其自身办学的诸多要素，包括办学的目标、特色、层次、学科、教学、管理、规模等各个方面进行的范围选择，人们称为"高职学校定位"。"高职教育定位"和"高职学校定位"构成了高职定位研究的两个层面，二者相辅相成，缺一不可。在此本书将它们统一到"高职教育定位"概念中来。

---

① 潘懋元，吴玫. 高等学校分类与定位问题[J]. 黄河科技大学学报，2005（1）：1-5.

二、高职教育定位的理论依据

（一）系统理论

所有事物之间都存在一定关联性，没有单独存在的事物，所有事物都是系统网络中相互关联、制约的节点。高等教育系统隶属于社会大系统，所有高职院校都应划入高等教育体系中。高职教育属于高等教育系统中的一部分，同时兼顾一般系统特性与自身的独立性。

系统理论指出，系统功能具有相对稳定性，具体来说就是系统内部结构与外部环境共同作用和关联过程中展现出来的能力与特性，系统内部不同要素共同作用与关联的方式。系统理论认为结构与功能之间相互关联，属于统一对立的关系，二者缺一不可，不存在缺少功能的结构，同样也不存在缺少结构的功能。结构是功能的重要基础，是其对内在的把控，相应的结构也与功能相互对照。但是从动态的角度看，功能并非一直有利于系统结构，偶尔也会出现反作用。

同理，高职教育系统的结构与功能的关系亦是如此。科学有效的高职教育结构可以发挥其应有的效用，但是如果系统功能与环境变化不相符，将会导致系统结构进一步优化或者退化。当前社会发展迅速，高职教育在职业教育系统中具有重要的地位，也是社会系统内部的基本节点，如果不能有效顺应外部环境，及时调整和革新，势必会落后于时代，淹没于历史洪流中①。因此，高职院校有必要找准自身在宏观系统与微观系统中的准确定位。

（二）教育的内外部关系理论

潘懋元指出："教育活动需要遵循一定的规律。其中两条基本规律，一个是指教育外部规律，即教育的外部关系规律，是与教育、社会发展有关的规律；另一个是指教育内部基本规律，即教育的内部关系规律，是与教育、人的发展有关的规律。"其中，"社会文化、经济、政治等多方面

---

① 唐骏，李晶. 论高职院校办学的科学定位[J]. 当代教育论坛，2005（11）：129-130.

对教育产生制约，影响社会文化、经济与政治发展"①，这就是教育的外部关系规律表述形式；相对的教育内部关系规律，是指开展人的培养这一环节中产生的必然性关联，可以表述成"教育目标的需求与身心发展特点对教育产生制约，同时影响受教育者的身心发展"②。教育外部规律与教育内部规律之间的关系是，前者对后者产生制约，并且教育内部规律是实现教育外部规律的重要途径。

社会和高等教育发展到一定阶段会形成新的变化，如高职教育大发展、高等教育的大众化、高职教育的合理定位等。一方面，实现这些问题离不开社会、文化、经济与政治的支持和作用，同时也受高等教育内部各因素影响；另一方面，它又可以反作用于社会、文化、经济和政治。总之，对于我国高职教育定位研究而言，应用教育的内外部关系理论具有重要意义和影响。

（三）高等学校分层（分类）与定位理论

随着高等教育规模的不断扩大，从精英教育走向大众化教育是世界各国高等教育发展的共同趋势。由于社会分工的需要，高等教育越来越表现出多样化、多层次的发展势头，高等学校的多层构成成为现代大学体系的基本特征。在伯顿·克拉克主编的《高等教育新论：多学科的研究》一书中，由马丁·特罗撰写的"地位的分析"一章从社会学的观点出发，分析了西方发达国家高等教育地位分层产生的现象、作用及长期稳定存在的价值，提供了一种研究高等教育系统的新视角。正如伯顿·克拉克在序言中所写的："社会学家长期以来一直注意社会的分层以及伴随而来的社会流动和不平等问题。""他们较多地注意到了个人地位的变化，但很少注意院校的地位以及系统内较大单位的相对的社会地位和学术等级现象。"③

在"地位的分析"一章中，马丁·特罗认为，"院校的地位受到客观

---

① 潘懋元. 新编高等教育学[M]. 北京：北京师范大学出版社，1996：1214.

② 王伟廉. 高等教育学[M]. 福州：福建教育出版社，2001：33.

③ 伯顿·克拉克. 高等教育新论：多学科的研究[M]. 王承绪，徐辉，郑继伟，等译. 杭州：浙江教育出版社，1998：182.

方面和主观方面的影响"。形成高等学校地位的客观原因，在很大程度上来自内部的差异，如声誉、名望等。而形成高等学校地位的主观原因是由政府分配给各院校的职能、权利和资源。许多国家的新型大学，如美国的州立大学、社区学院，德国的技术学院以及法国的大学技术学院等都是出于适应经济发展多样化的需要建立或通过院校的升格发展起来的。这些院校在相互竞争中也积极模仿那些地位较高的老牌大学，企图取得同样的特权、地位和自由，但实际收效不大，高等教育各部门之间真正的平等并没有实现。而且从政府的角度，也并不希望一般院校完全模仿名牌大学的风格和做法，而是希望国家高等教育系统的多样化，形成更适合社会职业的学科，以及新的、更有效的教学模式和学生入学渠道。因而高等学校之间一直保持着不同的地位和层次，承担着不同的社会分工。

从马丁·特罗对西方高等教育分层的分析来看，高等院校的地位差异是历史沉淀的结果，并且一直维持着相对的稳定，这种稳定性木身就是高等教育与社会各种力量相互作用的结果。这说明多样化、多层次的高等院校有其存在的客观依据，它是高等教育发展中社会分工的需要，不同层次的高等院校在精英教育和大众化教育中扮演着不同的角色，可以相互协调，共同发展。

三、高职教育定位的原则

高职教育的科学定位需要满足以下条件：一是社会经济发展规律；二是市场规律；三是高等教育的内在逻辑规则和发展规律；四是顺应传统文化、政府管理与社会评价特点，具有一定操作性，五是具备多样性、稳定性和可行性。另外，高职教育定位必须遵守几大原则。

（一）战略性原则

刘献君认为，高等学校定位涉及学校发展，是一项涵盖多层面内容的大事，因此，其思考视角要有长远性，视野要宽广，要拥有大智慧。应透过表象看到事物的本质，看到根本利益，制订长远的目标和规划，激发主体内在积极性；参照历史发展经验，取长补短，与现实相结合，善于判断和分析，实现求同存异，打造高校独有的特色，敢于批判、质疑和超越。因此，高职教育定位应遵守战略性原则。

（二）实践性原则

学校办学定位与内部因素和外部因素密切相关，首先从内部关系上看，学校办学定位要符合四点要素：一是国家总体教育方针，二是高校发展趋势，三是高等教育发展规律，四是区域内高等教育的整体规划，如规模、层次与结构等。从外部关系上看，学校属于社会有机系统重要的内部结构，学校办学定位应与社会需求相符合，适应当地的科技、经济、文化、政治和社会发展情况，满足其现实需求，因此，学校在人才培养目标上应以当地经济社会发展为基准，提供适合的人才。另外，学校自身的实际情况、办学历史和外部条件等都需要纳入考虑范围内。若考虑不周会阻碍办学目标实现，同时造成不必要的财力、物力等教育资源的损失。

（三）高职教育定位应遵循整体优化原则

任何一所学校都无法满足社会所有人才类型的需求，因此，学校应实事求是，结合自身情况与当地经济社会需求，从各学科、各层次和不同规模出发为当地提供合适的人才。在坚持整体优化原则的基础上，调整学校专业和学科内容，强化本校的专业实力。通过政策与市场等不同手段合理化解结构性矛盾，提高不同资源的利用效率。

（四）特色原则

高职院校在明确本校办学目标时应以本校师资状况、专业和学科优势以及教学科研条件为基础，有针对性地发挥本校的人力、物力等教育资源，打造专属的高职院校特色，以品牌专业和特色专业为优势扩大本校影响力。

（五）可持续发展原则

办学定位具有相对稳定性，它客观反映了办学群体通过各种努力所达成的共同目标，是对学校未来的一种理想规划，因此，也具有前瞻性特点。高职院校明确办学定位时，需要将未来和当前需求相结合。一方面，协调多项因素，促进共同发展，包括学校与社会、结构与层次、规模与质量等；另一方面，学校现阶段的办学定位需要将学校未来可能的发展情况纳入考虑范围内，换言之，是将学校当前和未来发展相结合。

四、高职教育社会定位的认识

我国积极发展高职教育，明确未来高职教育发展方针，并指出当前已进入规范性发展阶段。对于高职教育而言，现阶段要明确高职教育定位问题，实现社会精准定位，才能推动高职教育的长久稳定发展。

（一）发展高职教育的重大意义

现代化社会与经济发展要求积极促进高职教育改革与发展，提高重视度和创新能力，包括制度创新和体制创新，激发当地企业与地方的参与热情，以社会需求为目标，科学分配高职教育结构，重点加强高职教育质量，为社会提供合格的劳动力，促进经济社会发展。

高职教育改革是顺应科教兴国战略的重要手段，更是促进国家可持续发展的必经之路。加强高职教育不仅满足了产业结构调整需求，还有助于提升产品效益与质量，有效缓解就业和再就业问题。教育领域中与社会经济关系最为紧密的就是高职教育，当前我国处于全面建成小康社会，正向第二个百年奋斗目标迈进的阶段，此时不仅要大力发展社会经济，同时还要促进社会信息化进程，坚持走中国特色社会主义道路；更重要的是要结合我国劳动力及劳动市场发展情况，考虑到我国劳动力资源丰富，大部分产业属于劳动密集型产业，缺少高级技能型人才；因此，应提高劳动者素质，培养更多的专业性人才。所以，人力资源开发过程中，促进一线劳动者素质提升的最佳途径就是大力发展高职教育。劳动者生产技能提高，自身的科学文化知识水平提升更有助于控制生产成本，优化产品质量，带来更多的经济效益，让企业形成更突出的竞争优势。并且劳动者自身职业技能与素质提升，可以扩大就业面，获得更多再就业机会，符合市场岗位需求，更能够灵活应对市场变化。随着世界经济全球化的逐渐深入，加之中国已经进入世界贸易组织，在如此复杂的大环境下，我国的教育事业更应加大改革步伐，大力发展高职教育，通过开发人力资源提高我国的人才优势，从而在国际市场中占据一席之地。

（二）注重实践是社会定位的主要层面

未来高职教育发展的重心将放在社会实践上，知识的快速爆炸和进步改变了当前社会对人才的需求方向，社会倾向于更高级的技能型人才，因此，高职院校应以此为方向大力培养全面发展型人才。西方资本主义国家的高职教育倡导的是以人为本，既要让受教育者掌握基本技能，又要培养其工作责任感，挖掘学生潜能。对此我国高职院校在改革时也应适当加以借鉴，以满足受教育者需求和服务教育为目标，为社会培养专业知识扎实、实践操作经验丰富的全面发展型人才。社会实践是以实践操作为基本点对行业进行改造的活动，包括两个层面：首先是与产业开发有关的创新内容，如管理创新、技术创新和知识创新；其次是产业服务实践内容。这两个层面相互影响、共同促进，但是产业服务又与产业开发分属不同层面。从服务范围上看，产业服务更加宽广，其涵盖了信息服务、销售服务、技术服务和运输服务等多个方面。其他高等教育尽管也会或多或少涉及产业服务，但是高职教育的不同之处在于，它是所有高等教育中唯一将产业服务作为社会实践重点领域的学校。主要原因有三点：①高等职业学校专业建设与各行业之间的连接点是产业服务，产业服务质量与学生就业竞争密切相关，是影响学校招生质量、影响力和知名度的决定性因素；②产业服务影响技术研发和进步；③学生通过产业服务获得良好的实践教学环境，学生在实践过程中仔细观察、摸索和分析，通过反复学习和操作锻炼自身的职业能力。大量实践表明，劳动力整体素质水平与高职教育水平之间具有显著关系，只有通过实践检验才能了解劳动力的总体素质水平，因此，社会实践应纳入高职教育定位中的重点层面。

（三）高等教育和高职教育的社会定位不应相同

高职教育要建立和完善"通才教育"的导向机制，打破学科界限，重视一专多能的课程体系和内容，在教学中，要强调文理兼容等多学科的多元施教，培养具有丰厚知识的创新型通才，以保证在未来的工作岗位上应付多变的就业要求。我国传统的高等教育方式是专科、本科和研究生教育，社会定位是产学研结合，即产业、高校、科研机构相结合。这个定位适合我国知识创新、技术创新和管理创新的需要。专科教育属于不设学位且低于本科的一种教育层次。我国专科教育一直是用产学结合作为与社会联结的纽带，再加上本科教育资源相对缺乏，需要用较低层次教育资源补充，所以产学研结合对于高等教育来讲是一种非常适用的教学方式。但高职教育作为一种新型的模式，社会定位就不应该像普通高等教育一样，它应该有自己的独特定位，这种定位就是产教结合，即产业服务与教学开发相结合。教学上高职教育要改变长期以来学制单一，教学计划和教学大纲、教材缺乏灵活性，教学方法、手段简单，学生选择性差的局面，积极进行制度创新；建立适应经济建设、社会进步和个人发展的、灵活的学习制度，满足学习社会化、个性化的需要。在产业服务上，注重学以致用，知识和实践相结合，用产业服务推动教学改革和提高。

第三节　高职教育的服务功能

我国改革进程的逐渐深入，不断推动着社会变革和经济发展，为高职教育发展提供了前所未有的绝佳机遇。近年来高职教育繁荣发展，不断加强与经济社会的关系，为经济社会发展提供更多、更有效的服务，高职教育已将社会服务职能作为重点职能之一。高校办学理念决定学校类型和人才培养目标，因此，社会服务功能也存在差距。高职院校的目的是为社会提供更多高素质技能技术型人才，直接服务于各个产业和行业。高职院校不同于一般高校，办校定位是提供多元化的社会服务，如技术推广、社区服务、管理咨询、职业培训等，具有更突出的社会服务功能。另外，由于高职院校具有区域性特点，需要以服务当地经济发展为目标，因此，其还要满足当地经济发展需求，如此学校才能实现长久稳定发展。

一、"威斯康星思想"与社会服务职能的产生

高等院校的社会服务职能起源于19世纪中叶美国的"赠地学院运动"。赠地学院中的威斯康星大学积极弘扬高等院校的社会服务职能，社会服务职能理论是美国"威斯康星思想"中的重要内容。1904年，威斯康星大学校长查尔斯·范海斯曾指出，"服务应成为大学的唯一理想""大学的目标是要把知识的光亮和发展的机会带给全国各地的人民"。查尔斯·范海斯提出高校的三大职能，即"人才培养、科学研究、社会服务"，并指出社会服务职能的定义："合理利用大学资源，将其投入公共问题处理当中。"

1862年，美国颁布《莫里尔法案》，法案中明确提出高校社会服务职能的概念和应用，这也是高校社会服务职能的起源。该法案从法律层面上支持美国高校的社会服务职能确立和发展，促进高等院校逐步形成社会服务职能。20世纪70年代，传统意义上的学术研究整体表现一般，加上技术创新能力提升，与美国学术研究之间的关系越发紧密，进一步加速了学术研究与技术创新的融合，而这需要行业企业技术人员积极参与发挥力量，在随后不断发展和演变中社会基本认可了现代大学的社会服务职能。

美国最先出现高校社会服务职能并对其不断改进升级。1901年，美国创立伊利诺伊州乔利埃特初级学院，自此以后，以社会服务为理念的思想开始在初级学院中传播，如"服务于全体公民""学校的边界就是州的边界"等。大部分初级学院结合时代发展特点，积极拓展社会服务项目，特别是地方拨款建设的初级学院，这些学院的开创性行为促进高校社会经济发展、服务职能发挥。20世纪中叶，这些以社区为核心的新型高等院校逐渐具备成熟的社会服务功能，一般统称为社区学院。其作用是提供社会化服务，如发展社区经济，提供管理、教学以及其他服务职能。社区学院不断扩张，开始遍布整个美国，招收对象不限，为社区居民提供非学历教育以外的各类职业培训，保障了居民的就业和再就业问题。并且社区内会时常召开与社区有关的热点问题讨论会，为社会成员文化活动提供活动场

所。多年来，社区学院已经发展成为兼具多种职能的教育中心和社会文化中心，包括转学业教育、继续教育和成人教育等，大多以高职教育和培训为主要服务内容。

高职院校的形成与现代社会、经济、科技发展密切相关。随着现代大学的发展，大学在与经济、文化、科技之间整合与分化过程中不断改变，逐渐形成高职院校这一特殊形式的职业型学校，可见经济产业结构与高职院校的形成具有直接关联。高职院校与普通高校相比存在明显的不同，首先，其生存和发展的基础是与当地行业企业和社会经济之间相结合；其次，高职院校的性质属于应用型高等学校，主要是提供社会服务，无法充分提供社会服务职能的高职院校从本质上看并不能真正称为职业化教育场所。如果"大学与社会相互依赖，需要借助彼此实现自己的目的，那么大学必然要全力发挥自己的职能以更好地服务社会，满足其需求"，同理，高职教育在社会中生存，在没有其他选择的情况下也必须尽可能履行职责，为社会提供服务，满足其需求。可见高职院校想要改变当前社会地位，需要充分发挥自身的社会服务职能，大力促进社会经济发展。未来社会发展，高校与社会的交互和融合也将逐渐加深，高校将彻底成为社会"服务站"。黄炎培认为，从根本性质上看，职业学校本身就具有社会性特点，其主要作用是实现社会化发展，高职院校的职责是服务社会，其根本性质是职业性。

二、高职教育社会服务内涵分析

高职院校的社会服务职能范围广阔，从某种程度上看，社会服务也应包括人才培养和科学研究，虽然二者并未与社会经济紧密结合，不能直接服务于社会经济发展。从现代社会发展层面上看，高校借助自身的优势资源，以校企合作的方式为社会提供服务，如培训咨询、技术研发、设计新产品等，通过多样化形式服务社会经济发展，将高校的人才资源和技术资源转变为现实生产力，推动文化传承的同时带动经济发展，提高经济效益。

　　高职院校的社会服务职能包含两个层面。从广义上看，社会服务是指高职院校"人才培养、科学研究与社会服务"三大职能服务属性的泛化论，具体是指为社会培养各类人才，致力于技术研发，为社会提供各种服务等；从狭义上看，高校的社会服务是指在正常教学和科研任务的基础上开展有助于社会发展经常性且多样化的服务活动，为当地企业和行业提供技能型人才，通过人才培训和培养实现技术服务、技术推广和技术创新。实现传播和推广先进文化的目的，让高职院校成为当地重要的区域学习型社会中心、新技术的研发推广中心以及技术技能培训中心。从中也显示出高职院校的鲜明特点——行业性和区域性。

　　"国家示范性高等职业院校建设计划"重新定义了高职院校的社会服务职能：一是优化了区域性的空间范畴，提出高职院校需要继续加强对外辐射能力；二是扩充社会服务内容，提出高职院校要与社会主义新农村建设相融合，为农村劳动力提供培训服务，实现对口支援，促进双方的交流和互动；三是转移部分师资力量，促进区域高职教育发展。作为教育机构中的重要组成部分，高职院校为当地区域发展提供生产和管理等高素质人才。高职院校的社会服务中包括为社会人员提供技能培训和继续教育服务，为企业发展提供科技研发和技术创新，为经济发展较弱的地区提供支援，共同互动交流。总的来说，高职院校为当地行业和经济社会发展提供三大领域服务，即培训服务、科技服务和支援服务，并对应建立"三大中心"，即技能培训中心、研发推广中心和对口支援中心。

　　一些中专学校升级后也属于高职院校中的一部分，这些中专学校的专业背景深厚，其最终目的就是服务社会，满足社会分工需求，因此，高职院校不需要过度考虑学术研究是否完整以及高校的学科建设问题。相比普通高校的社会服务职能，高职院校的本质就是实行社会服务，但服务方式和方向与一般高校大不相同。普通高校注重的是知识传承和更新，以此促进社会持续向前发展；高职院校强调专业化、高素质、高技能的全面型人才，通过直面市场的技术技能型人才培养模式和具有丰富经验的师资团队服务于当地经济和行业发展，发挥自身价值。

　　高职教育的改革发展思路是"以服务为宗旨，以就业为导向"。作为高职教育的主要实施机构和承办者，高职院校主张的发展路径表明学校发展注重发挥其社会服务职能，树立服务社会、经济意识，提高服务水平。高职教育的特色化需要考虑产业领域和教育领域之间的关系，在提供社会服务过程中需要平衡教育和产业领域之间的合作与发展问题。高职教育办学机构应致力于打造区域重要的人力资源开发中心，从而更好地为企业和社区提供服务。因此，高职院校需要进一步加深对社会社区和行业企业的了解，全面掌握和分析区域发展以及行业发展动态，将最前沿的行业发展信息、技术开发趋势以及资源情况，借助高校自身的师资力量、技术设备和专家团队转化为现实成果服务于行业和企业经济发展。这样的社会服务才能够得到大众和企业的认可，对高校未来在区域内的进一步发展和扩张打好基础，引入更多的支持资金、技术和设备，反作用于高校自身发展。同时，拓宽社会服务的深度和广度有助于区域经济和高职教育之间的合作与互动，既能培养更多的专业化人才，又能够提升院校自身实力和影响力，推动高职院校的健康成长。

第四章　高职教育与乡村振兴的关系分析

第一节　乡村教育及其在乡村振兴中的地位

一、乡村教育

乡村教育，顾名思义是在乡村中办的各种教育，不仅包括学校教育，还包括社会教育、民众教育。乡村教育是教育事业发展的重要组成部分，主要目的是为广大农村适龄人群提供教育公共服务。从乡村教育的目标来看，一是服务于乡村人民的生活生产；二是传承文化信仰，树立文化自信；三是为国家培养人才。乡村教育不只是一个空间和时间的概念，还是一种意义和价值的存在。在我国，乡村永远是一种社会形态，而有乡村必定有乡村教育。

有学者认为，"乡村教育，也称农村教育，主要指县和县以下单一的普通基础文化教育和农业技术教育。也就是指以城市以外的广大农村的学龄儿童和农民为教育的主体，以整个乡村社会为教育场所，以乡村建设和振兴国家为教育目标，以学校教育和社会教育相结合为内容的施教方式"[①]。这一说法显然窄化了乡村教育的内涵。事实上，从上面乡村的内涵可以看出，农村教育应属于乡村教育的一部分，农村教育实质上就是发生在乡村的教育。但相对城市教育而言，"这种农村教育是弱化的城市教育，是在教育理念、教育资源、教育制度、教育方式与手段等方面非常缺

[①] 杨晓军. 区域视野中的乡村、学校与社会：清末民初东北乡村教育研究（1905—1931）[M]. 北京：光明日报出版社，2011：20.

失或落后的教育，是被歧视和需要改造与加强的教育"①。

乡村教育的定义又有宏观、中观及微观之分。宏观上的乡村教育是指为本乡村建设和经济发展进行服务的一切教育，"既包括乡村的学校教育，也包括其他非正式、非正规的乡村教育活动，以及城市里的直接或间接服务于乡村发展需要的普通高等教育与中等、高职教育等"②，乡村的广大学龄儿童和农民仅仅是教育对象的一部分。中观上的乡村教育是指乡村地区（县级行政区划以下地区）的教育，它不仅仅包括乡村的学校教育，也包括乡村地区其他正式、非正式的一切风俗、文化、文艺等教育活动。它的主要教育目的是以当地乡村学龄儿童和农民为广大教育对象，旨在通过教育和引导等主要手段，促进乡村儿童和农民的文化自觉和自我发展，推动乡村文化的传承和乡村社会的经济建设。微观上的乡村教育主要是指乡村的学校教育，即在乡村地区学校开展的义务教育阶段的有目的、有组织的以影响其身心发展为教育目标的教学实践活动。本书讨论的乡村教育特指中观层面上的乡村教育，研究对象以乡村中小学教育为主体，同时包含其他各类教育形式。

二、当代乡村教育的特征

新中国成立后，我国乡村社会的发展丰富多彩，为今后的乡村教育发展提供了丰富的营养。在新中国成立初期和我国社会发展进入新时代以后，当代乡村教育的发展呈现的突出特征，就是国家对乡村的建设和发展、对乡村教育的建设和发展高度重视，并上升到了国家战略的高度。

（一）新中国成立初期乡村教育的开展以"实用性"为主

战争给中国人民带来了极大伤害，经济滞后、生产力不足。在完成社会主义三大改造后，1956年，党和政府从提高国民生活水平、促进农业生

---

① 吴亚林. 农村教育发展：概念重建与制度设计[J]. 郑州师范教育，2015，4（3）：6-9.
② 田静. 教育与乡村建设：云南一个贫困民族乡的发展人类学探究[M]. 北京：中央编译出版社，2013：26.

产增收角度出发，让乡村社会的主要精力投入集体劳动中。在此背景下，乡村教育所具有的"为农"服务的本质，决定了其教育内容是以为集体生产劳动服务、提高生产劳动能力为主。1957年，毛泽东同志提出："我们的教育方针，应该使受教育者在德育、智育、体育几方面都得到发展，成为有社会主义觉悟的有文化的劳动者。"[①]1958年，国家教育方针提出，党的教育工作方针是教育为无产阶级的政治服务，教育与生产劳动相结合。

（二）新时代乡村振兴战略为乡村教育振兴带来了新机遇

2017年10月，党的十九大报告提出了乡村振兴战略；2018年，中共中央、国务院印发了《乡村振兴战略规划（2018—2022年）》。实施乡村振兴战略，是党的十九大作出的重大决策部署，是决胜全面建成小康社会、全面建设社会主义现代化国家的重大历史任务，是中国特色社会主义进入新时代做好"三农"工作的总抓手。乡村教育振兴是乡村振兴战略实施的基础工程，乡村教育振兴是乡村振兴的一个重要组成部分，被同样摆在了战略位置。实施"优先发展教育"乡村振兴战略，就要按照党的十九大报告部署，推动城乡义务教育一体化发展，高度重视农村义务教育，办好学前教育、特殊教育和网络教育，普及高中阶段教育，下大力气解决乡村教育存在的优质教育资源紧缺、教育质量亟待提高等群众普遍关注的问题，着力改变乡村教育存在的"不平衡不充分的发展"现状，逐步缩小城乡差距，最终破除城乡二元结构，努力让每个孩子都能享有公平而有质量的教育。

三、教育价值与乡村教育的价值取向

树立正确的价值取向对乡村教育的发展具有重要意义。从理论上讲，正确的价值取向可以转变社会观念，有利于体制机制创新，促进乡村教育发展规划更加科学，不断完善乡村教育的教育教学理论，探索出符合乡村实际的教育框架体系；从实践上讲，乡村教育价值取向的厘定有利于深化

---

① 毛泽东. 毛泽东文集：第七卷[M]. 北京：人民出版社，1999：226.

乡村教育改革，走出当前的困境，促进乡村教育事业健康发展。厘定教育价值、教育价值取向、乡村教育价值取向的概念，明晰我国乡村教育的真正价值取向至关重要。

（一）教育价值

价值的概念在学界争论已久，第一种观点认为，价值是人的需要的满足，是一种个人的主观感受、态度；第二种观点认为，价值不是人的主观需要，而是能满足人的主观需要的一种客观属性；第三种观点认为，价值是一种主客体的关系，是客体的客观属性和主体需要之间的关系。从三种观点对价值的解释来看，价值离不开两个因素：一是主体属性，二是客体属性。马克思主义价值观认为，价值是人们从对待满足他们需要的外界事物的关系中产生的，是物对人的有用或使人愉快的属性。根据这一观点，价值就是客体的某些属性对人和社会所具有的积极意义，是客体是否满足主体需要、是否与主体相一致、能否为主体服务，成为主体所追求的目的[①]。由此可见，教育价值客体是指教育的属性与功能，而教育价值主体不仅包括个人同时也包括社会。教育价值主体与客体之间存在互动关系，教育价值客体满足教育价值主体的需要，教育价值主体会对作为价值客体的教育有某种需要和期望，他们会按照自己的需要与期望去建构、改造教育，从而实现某种教育价值。教育价值就是"教育活动对于受教育者全面发展目的的满足"[②]和"教育作为社会系统中的一种客体，对社会主体的发展需要的一定满足"[③]。

（二）教育价值的分类

实现教育价值的最大化是一切教育活动的根本出发点。在了解教育价值的内涵后，必须掌握教育价值的分类，有利于确立比较全面、正确的教育价值观，从而树立正确的乡村教育价值取向。关于教育价值的分类，目前各国学者观点不一。

---

① 王书进. 浅论教育功能、教育价值与教育目的三者的关系[J]. 焦作师范高等专科学校学报，2003（4）：46–48.
② 冯建军. 关于教育价值概念的思考[J]. 上海教育科研，1998（10）：25–27，11.
③ 王卫东. 现代化进程中的教育价值观[M]. 北京：中国社会科学出版社，2002：9.

国外的主流观点主要有以下三种：

第一种，英美学者从同一教育活动的两种不同功用出发，将教育价值分为教育的内在价值和教育的外在价值两大类，也称为教育的本体价值和教育的工具价值。本体价值是指重视人的个性发展的价值，一切教育活动和内容都围绕着这一目标开展，教育价值表现为理想的价值；工具价值则是指教育对社会发展所起的促进作用，强调培养目标和内容要符合社会和阶级发展的需要，且促进社会发展和文明进步的程度是其衡量标准，教育价值表现为促进社会进步和发展的工具性价值。

第二种，德国学者从哲学基本观点出发形成的"文化价值论"，从社会文化反观教育，从教育反观人的自我生命历程，将自我置于社会、文化、教育这种三维结构中进行深入考察。代表人物斯普朗格认为，教育的本质和目的应该是帮助人们接受人类精神文化，并在文化的传递与接受过程中，使每个受教育者的人格得到陶冶。杜尔也强调教育传递人类文化价值的功能，主张通过教育去陶冶人格，并培养人去创造新的文化价值的精神生活能力。

第三种，日本学者细谷恒夫对教育价值的分类。细谷恒夫认为，全部教育价值应该划分为三大类，即教育内容的教育价值、教育中必须实现的价值和教育者本人的价值观问题。他认为不同的教育内容分别具有不同的教育价值，同时知识又具有多种价值属性，选择什么样的价值类型才能最好地体现教育的价值，每个教育者都有自己的价值观，因此，教育价值必须是教育者本身的东西。

国内学者的观点主要有以下两种：

第一种，学者王坤庆对教育价值进行了深入研究分析，将教育价值分为三类。一是将全部教育价值分为教育的内在价值与工具价值，内在价值为教育的个性价值、品德价值和知识价值，指向人；工具价值为教育的政治、经济和文化价值，指向社会。[①]二是将教育置于社会结构中去考察发现，教育能够满足社会存在、延续和发展的需要，能够满足人的生活和自身发展需

---

① 瞿葆奎. 教育基本理论之研究（1978—1995）[M]. 福州：福建教育出版社，1998：414–415.

要，同时，教育在满足社会和人的需要的过程中体现出自身价值。三是从教育自身的特点将教育价值分为"教育中的价值"和"教育的价值"。[①]

第二种，部分学者从教育的性质和发展方向出发对教育价值作了分类。

一是根据教育性质将教育价值分为积极价值和消极价值。积极价值指教育对社会发展积极、有益的价值；消极价值指教育对社会发展消极、有害的价值。二是按照教育发展方向，将教育价值分为理想价值和现实价值。理想价值指向教育的最高目标，是指教育的终极目标是培养个性自由、发展充分、全面和谐的人；现实价值则是指教育目标要落脚于当下社会现实，培养出不同层次、不同类型的促进社会发展和进步的人才。

综上所述，学者提出了不同的观点和分类标准，结合我国乡村教育的"工具化"价值取向发展历程，以及当前我国乡村教育"城市化"价值取向的趋势，本书所采取的是把教育价值分为教育的本体价值和工具价值两类。分类的确定主要是依据教育的终极目标、人的发展和社会的需要，一是基于教育的各种价值必须也只能通过人来实现，所以本体价值是工具价值的基础；二是基于在"人、自然与社会"三者的生存发展中，人对三者能否和谐发展具有主观能动作用，所以本体价值调控工具价值。综上可以得出以下结论：教育的本体价值既是教育的基础价值也是教育的终极价值，目的在于促进人的自由发展，促进人的物质生命与精神生命的统一；教育的工具价值是受本体价值调控，通过教育对人的发展作用于社会政治、经济、文化的发展。

（三）教育价值取向

从已有的研究成果来看，学界对教育价值取向的含义有两种理解。一种观点认为，教育价值取向是教育主体在进行教育活动时，根据自身的各种需求在进行教育选择时表现出来的一种价值倾向。也可以这样理解，就是指在同时存在若干种教育方案或意向时，教育主体从自己的需求及利

---

① 王坤庆. 教育哲学：一种哲学价值论视角的研究[M]. 武汉：华中师范大学出版社，2006：182–204.

益出发，选择或倾向于某一价值方案或意向，以实现自己的教育价值目标。这一观点强调的是教育价值取向的主观选择，强调教育主体在主观意识上希望能通过教育满足自己在某些方面的教育需求，主体对教育价值存在预期和设定。另一种观点认为，教育价值是指教育主体在实际活动中，尤其是在活动结果中所实际遵循、指向、建构和实现的价值关系。这一观点强调的是教育价值取向的客观方面，即直面教育实际，遵循教育规律。分析以上学者的观点，笔者认为，以上两种教育价值取向的定义虽然各有其优点，但在关注一个方面的同时却忽视了另一个方面。教育价值取向不仅有丰富的理论内涵，更指向具体的教育实践，体现在教育过程之中，教育结果仅仅是教育价值取向的反映形式。并且，因为教育的主体主要是"人"，人是动态变化的，不同的时间、不同的背景、不同的需要下所做出的价值选择也会不同，所以教育的价值取向也处于动态变化和调整之中。教育的价值取向是一个系统的、整体的、动态的概念。具体教育价值取向的定义，可以从以下两个方面来理解：

第一，教育主体包括社会主体和个体主体，两者在不同的历史阶段有着不同的社会关系，并且处于动态变化之中。在教育价值取向的理论和实践中，教育价值取向应该划分为社会主体的教育价值取向和个体主体的教育价值取向两种，其中社会主体的教育价值取向又可具体划分为国家主体的教育价值取向和集体主体的教育价值取向。随着社会关系的动态变化，不同教育价值主体间的价值选择存在一致或不一致的差异性。

第二，教育价值取向外在的呈现是价值主体的主观选择，但其主观意识性受国家意志的引导和支配。具体而言，教育价值取向尽管是由教育主体主观做出的选择，但社会的进步、教育的发展有其自身的规律和特点，并不以价值主体的主观意愿为转移。教育规律、国家制度、文件政策、社会背景对教育主体的选择具有约束性，也就是教育主体只能在一定的社会历史背景所提供的条件下，根据自身的需要提出自己的价值需求。教育价值取向也是主观与客观意愿一致契合后做出的选择。

（四）乡村教育价值取向

一直以来，学术界诸多学者对乡村教育的价值取向问题各执己见，意见不一。相关乡村教育价值取向问题的论述最早可以追溯到陶行知先生，他说，"中国乡村教育走错了路，他教人离开乡下往城里跑，他教人吃饭不种稻，穿衣不种棉，做房子不造林。他教人羡慕奢华，看不起务农。他教人生利不分利……因此必须进行改造，要建设适合乡村实际生活的活教育"①。党的十九大以来，随着城镇化进程的不断推进，乡村教育的整体办学面貌得以快速提升，但乡村教育的目的多以"工具价值"取向为主，乡村教育的价值取向问题再次引起学者们的关注。

学者们从我国乡村社会的发展历程和目前的现实状况等角度切入，论述了自己的观点，概括总结主要有两大类：一类是关于乡村教育价值取向"离农"和"为农"的争论，"离农"是指离开或逃离农村，进入城市；"为农"是指立足农村，为农村经济社会发展服务。另一类是关于乡村教育价值取向"本体价值"和"工具价值"的争论。诸多学者指出，乡村教育偏离了教育的目的，过于强调教育的"工具功能"而忽略了"本体功能"。学者分析了我国乡村教育的发展历程，得出乡村教育的经济、政治等社会工具功能占据了主导地位，而作为教育对象和社会主体的人的价值却被忽略，因此呼吁乡村教育价值的回归。

根据以上学者的观点，结合价值取向的概念，即所谓价值取向，其实质就是主体在对客体的价值作出判断的基础上，对客体某些价值的选择或选取、追求或向往。人们理解乡村教育价值取向的概念，就是指乡村教育的主体根据自身的需要，对乡村教育某些价值的选取与选择、追求与向往是指向乡村教育的未来的。我国乡村教育的价值取向，受我国经济社会发展的背景影响，它既是乡村教育理论层面的一个重要问题，同时也是乡村教育实践层面的重要问题，在一定程度上决定着乡村教育从目的到结果的整个过程。尽管在乡村教育价值取向的选择上学者各执己见，从教育的意

---

① 徐莹晖，徐志辉. 陶行知论乡村教育[M]. 成都：四川教育出版社，2010：9.

义来讲，教育在诞生的那刻起就被赋予了"使人聪慧""使人高尚"两项崇高的使命。教育的功能应该是首先实现"人"的本体价值，其次兼具社会工具价值，这样乡村教育的价值取向才是比较全面和合理的。

四、乡村教育的价值

（一）乡村教育的工具价值

教育的工具价值受本体价值调控，通过教育对人的发展作用于社会政治、经济、文化的发展。目前，我国乡村教育工具化价值取向的误区主要表现为在"城市化"和"乡村化"之间矛盾徘徊的价值选择上。分析我国乡村教育社会工具化的具体表现、工具化价值倾向的发展轨迹、目前存在的工具化价值误区，对乡村教育的正确发展至关重要。

教育的工具价值主要体现在两个方面，一是通过培养各行各业的人才来满足社会在政治、经济、文化、科技等方面发展的需要；二是通过教育系统中的施教者，直接作用或间接影响除受教育者外的社会政治、经济、文化、科技等方面的发展，以满足各系统的社会需要。由此可见，教育价值的社会工具价值的实现，必须借助"人"这个介质。作为乡村教育其工具价值的体现也同样如此，也同样必须通过人的培养、人的素质的提升、人的全面发展才能够实现其政治、经济、文化、科技、生态等工具价值。

乡村教育的政治价值，主要表现为乡村教育对于促进乡村的政治民主化、提高农村人口文明程度、增强民众民主意识的作用。我国农村人口文化水平偏低，是制约我国城镇化推进的关键因素。乡村教育根据我国不同的历史阶段的社会需求，发挥着不同的作用，在新中国成立初期，起到普及文化知识、提高农民素质的作用；在新时代的今天，乡村社会、乡村教育对于提高农民的权利与义务意识、政治参与意识和能力、乡村治理的参与意识与能力都起到了积极的作用，进一步促进了农村政治管理的民主化。

乡村教育的经济价值，主要表现为乡村教育对于促进农业农村生产、经济社会和国民经济发展的作用。从我国乡村教育系列改革措施可以看出，贯穿始终的就是发挥乡村教育对农村经济服务这条主线。不同的历史时期根据经济社会发展的需要，乡村教育的经济工具化价值取向也不同，在社会主义初级阶段，乡村教育为培养有知识的劳动者服务。而今天的农业农村经济发展已经转变为依靠科技进步和提高劳动者素质的方式，但究其根本也必须依靠教育来实现。在新时代，乡村经济社会的发展对乡村教育的培养目标又提出了新的要求，也就是教育必须与经济社会的发展相适应，必须在提高农村劳动者素质和推动科技进步方面发挥积极作用，思考如何把农村的"人口负担"转化为人力资源优势，以实现农业农村经济增长方式的转变，促进农业农村经济的持续、快速、高效发展。

乡村教育的文化价值，主要表现为乡村教育对于文化的普及以及当地优秀传统文化和乡村文明的传承与发展的作用。教育与文化有着十分密切的关系，教育的发展必须以文化为前提，文化对教育的发展轨迹和方式起着调控、制约的作用；文化的形式和传递依赖于教育，教育自身作为一种独特的文化活动，在以文化培养人的过程中，同时对文化具有保存、发展和创造的作用。乡村教育是乡村文明建设的主力，是乡村文化生活的象征和标志，乡村教育的未来决定着乡村的未来，更决定着中国文明是逐渐失去根基自此中断还是继续源远流长。乡村教育机构自古就对乡村文明有着无可比拟的影响，无论是古代的私塾，还是后来的乡村教育，它们都以同样的方式对乡村文明的传承与发展起着积极的作用。乡村教育是乡村文明的载体，是乡村文化的根基。一所学校其实就是一个村子的教育血脉，撤走了学校，也许就割断了一个村子的文化根基。

另外，随着经济的发展和科技的进步，乡村教育的社会工具价值还体现在科技价值和生态价值等方面。乡村教育的科技价值，是指其在提高农业科技的竞争力、农产品的科技含量等方面的价值作用。乡村教育的生态价值，是指乡村教育在引导乡村治理，改善生态环境，利用本土资源，实现人与社会、环境和谐共处方面的价值作用。同时，人们通过深入分析乡村教育的生态价值发现，乡村教育的生态价值也应该包括两个方面，一是指教育系统本身的生态平衡，即城乡教育平衡和谐的发展，各自在自己系统里合理运行；二是指乡村教育在人类生存的大环境、大系统中的生态平衡，强调人与自然、人与社会的平衡。随着社会的发展和人民对美好生活的需要，科技和生态价值在乡村教育中的工具价值逐渐凸显出来，所以也值得我们研究和重视。

（二）乡村教育的本体价值

教育的本体价值在于促进人的自由发展、促进人的物质生命与精神生命的统一。从根本上来说，教育是一种独立的培养人的活动，是将人培养为具有"自由之思想、独立之精神"的一种"真正的人"的"生命教育"。但长期以来，教育活动在实施的过程中，受到当时社会政治、经济、文化等诸多因素的影响，教育变成了以培养"经济人""社会人""文化人"为目的，将"存在教育"变成了"生存教育"，将"生命教育"变成了"生活教育"，失去了教育的本来意义，过分强调教育的社会工具价值，失去了教育的本体价值。就如上文中所提到的，无论是"城市化"还是"乡村化"的工具价值倾向，双方皆具"功利主义"和"工具主义"色彩。必须尊重教育自身发展的规律，既要树立"以人为本"的教育理念，又要正确分析当前全球化背景下和多元视角下乡村教育的本体价值，以"人的发展"为教育的最高目标，实现乡村教育的工具价值与本体价值的有效统一，达到乡村教育本体价值的回归。

五、乡村教育的本质追求——生命教育

教育的本质在于人的发展，在于对人的每一次生命活动进行关怀，学习过程就是一种享受生命的过程，这种关怀是社会价值、个人价值和教育自身发展价值在"生命活动"实践中的统一。但长期以来人们只是把教育视为一种社会现象，在教育实践中，只是着重于解决学生的"生存问题"，将社会政治、经济、文化上的需要作为教育的价值取向，而对于受教育者作为"人"的"存在问题"却鲜有关注，尤其是在经济较为落后的乡村中生存的乡村教育这种情况尤甚，教育的真正意义被扭曲了。"存在

问题"区别于"生存问题"，后者一般只涉及具体的存在方式，而前者则关系到存在本身的意义、价值和根据。从逻辑上说，生命问题是人生的根本问题，而生存问题是人生的枝节问题，是建立在根本问题的解决或假定解决的基础上的。教育作为一种面对人、为了人的活动，从本质上并不仅仅是"生存的"，还应是"生命的"。

人的生命是物质与精神的统一的整体，精神生命依赖于物质生命生存，物质生命因精神生命而得以完善和升华，二者相互依存，缺一不可。在当前社会，我国的社会主要矛盾已经转化为人民日益增长的美好生活需要和不平衡、不充分的发展之间的矛盾，在物质生命得以保障的基础上，应该更多地注重对精神生命的追求和提升，实现物质生命与精神生命的和谐发展。教育具有提升人的生命价值和创造人的精神生命的意义。发展人的价值追求和终极关怀是包括乡村教育和城市教育在内的教育的本质要求，也是谈论和确定乡村教育价值关怀的逻辑前提，与乡村教育的工具价值和现实关怀相比具有逻辑先在性、绝对性、至上性和永恒性，甚至是不可讨论的。乡村教育必须回归生命教育，不仅要传授书本知识和谋生技能，更应在教育中关注受教育者的人生价值、生命质量的提升，关注受教育者自我完善、自我成长和自我发展的途径与过程。"生命教育"能够引导和帮助人们解决"生存问题"，给予人们以生存的理由和根据，增加人的存在意义，教给人以存在的信念和智慧，积极寻找并发现人的生命之本，从而完成自我确认与自我发展。生命教育既是一切教育的前提，同时也是教育的最高追求，无论是为了社会的进步发展，还是在任何情况下都应成为教育的理想和追求，这才是教育的应有之义。

六、乡村教育的终极目标——"人的发展"

一切教育、经济、政治、文化活动的主体是人，因此，"人的全面发展"应为教育的出发点和基本追求。就如当前我国正在全面实施乡村振兴战略，提出了"乡村振兴必须优先发展教育""乡村教育是乡村振兴的抓手"

等重要论断，乡村教育在乡村振兴中的战略意义被充分肯定。但乡村教育战略意义的确立并不意味着乡村教育已经真正起到了解决"三农"问题的作用，也不意味着乡村教育的主要价值是促进农村社会经济的增长。人们必须跳出"乡村"看"乡村"，必须透过"现象"看"本质"。"三农"问题不是乡村教育的主要目标任务，乡村教育也不是解决其问题的主要途径。"三农"问题背后深藏的是"人"的因素，有效发挥乡村教育的本体价值，解决"人的全面发展"问题，提高受教育者的综合素质、技术水平、主观能动性，进而发挥其精神价值，这才是乡村教育的根本价值所在，也是解决"三农"问题的根本途径所在。"人"的问题解决了，其他矛盾也迎刃而解。人们必须重新审视乡村教育与乡村社会的发展关系，从国家顶层设计中把教育从"为社会经济建设服务"的培养目标中解脱出来，转变观念、转换视角，突出乡村教育"人的发展"的本体价值，首要的培养目标是培养一个"全面发展"的人。从教育研究者的角度，更应倡导"以人为本"的教育理念，以提高受教育者的全面发展为教育的基本出发点，尊重其独立人格、主体地位，促进其全面发展；遵循受教育者的身心发展规律、人才成长规律，不断激发其内驱力，实现素质和能力的全面提升与发展。

任何国家、任何社会、任何时期的乡村教育都首先是教育，既然是教育，就理所当然地具有教育的本体特征、本体价值和本真关怀，离开了教育的这一本真就不是真正的教育，就不能有效地致力于和服务于人的发展，就会成为伪教育，成为限制、束缚人的自由全面发展的可怕的工具。不同时代社会发展的背景不同，对乡村教育价值的关注也不尽相同，但乡村教育对于乡村社会发展的经济价值常常被置于重要或者首要的地位，而对于"人的发展"的本质需求和尊重却常常被掩盖。但这并不阻碍教育者和专家学者对乡村教育本体价值的认识，也不能阻滞受教育者在教育实践中达成"成其为人"的理性诉求。

只有实现了人的精神价值，才能激发其更大的潜能，创造更多的物质价值。教育作为一种活动，培养人是它唯一的功能，所谓"教育的社会功能"也只能通过培养的人参与社会政治、经济活动而表现出来。脱离了有生命的个人和每个具体的个人对自身发展目标的追求，教育的社会价值就不可能体现。无论是国家、社会，还是个体主体，都应该表现出对"人的发展"应有的尊重，应使其先成为一个"全面发展的人"。这是教育的本质，也是教育的终极理想和目标。

七、乡村教育振兴在乡村振兴中占据的地位

（1）乡村要振兴，最大的民生是教育要先行。乡村也要有城镇一样高质量的幼儿园、小学和初中。这样才能解决乡村就业人口（人才）子女的入学需求，乡村人才才能从根本上留住、留好，振兴乡村才有人才支撑。这是乡村振兴的基础性工程。

（2）发展乡村教育实际上就是乡村振兴战略的一个组成部分，而且具有优先发展的重要地位。乡村振兴的目标之一是实现乡风文明、治理有效，就是要充分发挥文化在乡村振兴中的作用，乡村学校和教师在这方面有着独特的优势。通过文化建设，实现乡村的和谐和有序发展，乡村振兴需要文化先行，文化先行就要教育先行，因此，乡村教育是决定乡村振兴的关键。

（3）我国是个农业大国，乡村教育是中国教育的"神经末梢"，也是重要阵地，城镇化速度越是加快，乡村教育越要加强。在城镇化背景下通过资源配置、政策扶持和制度建设促进城乡教育融合发展，推进城乡基本教育公共服务均等化，把乡村教育办成"在乡村""富乡村""为农民"的教育。

第二节　乡村振兴为高职教育发展提供机遇

党的十九大指出，要坚决实行乡村振兴战略。乡村振兴指的是人才振兴、产业振兴、生态振兴、文化振兴、组织振兴的全面振兴，是一项重要的

系统性工程。乡村振兴战略的总目标是实现农业农村现代化，坚持优先发展农业农村，实现产业兴旺、生态宜居、乡风文明、治理有效、生活富裕的乡村生态圈，以健全的机制确保城乡共同发展，不断完善城乡融合发展体制机制与政策体系。乡村振兴战略的核心是人，是优秀的专业化人才。但是当前农村劳动力流失严重，农村人口老龄化现象已严重干扰到农村的正常发展。种田难这一问题已经成为农村发展和乡村振兴的首要问题，乡村发展急需解决好乡村人才可持续发展问题。《乡村振兴战略规划（2018—2022年）》明确指出，要重点发展人才，发展服务农村的高职教育，完善职业院校结构，科学布局和调整，设置符合农村发展的专业性课程，为乡村振兴和产业发展提供助力。为社会提供懂技术、会操作、经验丰富且善于经营的新型职业农民，构建健全完善的农村人才激励机制，确保所需人才能够留住且发挥应有的效用，从技术和智力上支持乡村振兴战略发展。

一、高职教育服务乡村振兴战略的时代机遇

（一）乡村振兴战略带来了高职院校发展的利好政策

2017年，《国家教育事业发展"十三五"规划》颁布，规划中提出服务是当前以及未来教育行业发展的主要目标，应将教育改革发展目标设为服务人民大众，促进国家发展。教育发展应满足中国特色社会主义现代化建设，服务于小康社会发展，促进中华民族的繁荣发展。教育应与新时代下的经济发展相契合，为中国现代化社会建设培养创新人才，形成我国特有的人才优势。作为教育体系中的关键内容，高职教育在发展过程中应以现代高职教育为主，培养适合乡村振兴与经济社会发展的优秀人才。2018年，中共中央、国务院出台的《乡村振兴战略规划（2018—2022年）》中明确强调高职教育应面向农村，不断优化职业院校布局结构，强化县级高职教育中心建设，通过合理的课程设置促进乡村产业发展，加快乡村振兴战略实施。2019年，国务院颁布《国家职业教育改革实施方案》。方案中要求应重点发展职业教育，发挥其社会职能，为社会经济发展提供更多的高素质人才，提高人力资

源优势，进而带动国家竞争力提升。

2020年9月，教育部等多个部门共同颁布《职业教育提质培优行动计划（2020—2023年）》，计划指出高职教育应遵循习近平新时代中国特色社会主义思想，发扬党的精神，以新发展理念促进社会经济发展，在办学上努力提高教学质量，以推动社会就业和再就业。同等对待普通教育和高职教育，将其放在同等重要的战略地位。筑牢基础、取长补短，大力创新和改革，调动其内在活力，优化我国特色现代高职教育体系，在提高现代高职教育水平的基础上，提升其服务能力，以人才和技术推动经济社会的长久稳定发展。

2021年10月，中共中央办公厅、国务院办公厅下发《关于推动现代职业教育高质量发展的意见》，意见指出，职业教育身负重要职责，是人力资源开发、建立国民教育体系的重要内容。通过人才培养传承技术技能，保证大众的就业问题，高职教育对全面建设社会主义现代化社会具有重要的促进作用。

2022年4月，教育部与其他部门联合印发《教育部等十部门关于做好2022年职业教育活动周相关工作的通知》，通知指出，各个地区应积极落实职业教育改革方案，包括《关于推动现代职业教育高质量发展的意见》《职业教育提质培优行动计划（2020—2023年）》《国家职业教育改革实施方案》等，学习成功经验，完善自身改革。

（二）乡村振兴战略激发了高职院校发展办学活力

过去高职教育一直以政府为主体进行统一化管理，包括招生计划、办学机制以及院校数量等方面。各级政府直接管控高职教育的各种办学行为，高职教育发展落后，未能实现有效革新，导致高职院校毕业生不符合当前社会经济发展需求，无法及时投入生产工作中。2014年，国务院颁布《关于加快发展现代职业教育的决定》，其主要内容是放宽高职院校办学权利，给予其充分的自主权，合理分配收入、调整专业课程，自行负责人事管理和教师评聘。实行市场化管理机制，鼓励社会力量的加入，进一步壮大高职院校队伍，扩大优质教育资源，激发学校发展潜能，将教育规划与社会发展相结合，促进产业升级转型与教学改革的合理衔接。2017年，国务院办公厅印发《关于深化产教融合的若干意见》，意见指出，要进一步推动高职教育改革，完善多元化办学体制，实行校企合作共同培养优秀人才。借助企业的主体作用进一步融合产业需求侧结构与人才培养供给侧要素，为社会发展提供多元化类型人才，满足电子商务、现代交通运输、现代农业以及高效物流等产业的发展需求，设置相应的学科课程，源源不断地提供技术技能和创新型人才，提高人才素养。

二、高职教育服务乡村振兴战略的现实要义

（一）高职教育是推动农业转型升级的重要引擎

乡村振兴的重点是产业兴旺，乡村振兴战略实施，进一步强化农业供给侧结构性改革，完善农村产业结构，建立现代农业产业体系、生产体系、经营体系，促进农村三大产业的进一步融合。借助农村农业资源的挖掘，开发和促进农村新产业，如乡村民宿、农村电商、农产品精深加工、休闲农业等，并且要求这些领域的从业者提升自身水平，保证结构和数量合理等。现代农业发展的核心是人，中国农业的未来依托于新型职业农民。而实现人力资源开发的主要方法是实行科学教育，农村劳动力受教育水平直接影响其能力和素质。因此，想要更好地解决"三农"问题，先要从高职教育发展入手，通过高职教育有效解决劳动力供求结构矛盾。这与高职教育产业需求端密切相关，同时关系着劳动力供给端，因此，高职教育的供给质量和规模是农村产业结构进一步完善，符合农村新业态、新产业发展的基本保证[1]。所以要加强高职教育与农村产业之间的融合，设置灵活科学的专业，优化人才培养机制，确保高职教育与农村结构、农村社会转型相对接，提升农民技能，建设一支高素质、有知识、熟练掌握技术且善于管理的新型农民团队，进一步完善农村三大产业人力资源分配，通过

---

[1] 石丹淅. 新时代农村职业教育服务乡村振兴的内在逻辑、实践困境与优化路径[J]. 教育与职业，2019（20）：5-11.

农业转型加快多产业链条的衔接，实现产业兴旺的目的。

（二）高职教育是打造农村生态宜居的有效途径

乡村振兴的关键是生态宜居。乡村不同于城市的最独特的优势就是生态环境极佳，生态环境与农业发展息息相关，农业不仅依赖生态环境发展，同时也会对其产生深远影响。习近平总书记极其重视生态环境问题，指出"绿水青山就是金山银山"，进一步优化农业发展方式，在实现农业效益的同时，确保农业质量，提高自身竞争力，以可持续的集约发展、农业技术创新等优势实现现代农业发展。培养涉农专业人才，包括山水林田湖草沙生态保护和修复、农田水利规划、特色田园乡村建设等，通过高素质人才建设良好的生态宜居型农村。当然打造生态宜居型乡村也需要全体农民的支持和努力。借助高校与村镇的合作对接，积极宣传，树立生态环境保护意识，让农民认识到只有保证良好的生态环境，才能促进生产力发展。乡村居民是农村生态环境建设的主体，因此，加强乡村居民生态环境保护意识是实现良好乡村生态环境的重要前提[①]，应向农民宣传生态农业环保知识，科普实用的乡村节约技巧，如节省农药、化肥，节水节电，等等。另外，倡导农民实行"厕所革命"，使他们学会如何进行垃圾分类，打造乡村生态环境保护的良好氛围，形成健康的绿色农村生活与发展方式，为农民创建良好的生活环境。

（三）高职教育是培育乡风文明新貌的必然要求

乡村振兴离不开乡风文明作为保障。良好的乡风文明从精神上促进乡村振兴战略发展。发展乡村经济不能忽略农村精神文明建设。乡村振兴的核心是人才，人才是发展的基本资源，因此，乡风文明建设需要相关人才作为支撑。乡村文化建设的中坚力量是大学生群体，有必要在大学中大力宣传乡风文明建设的重要性。而培养乡村文明建设人才首要的是高职教育，借助高职教育实现民族文化的创新和传承，全方位提升职业学院

---

① 高子舒. 生态文明建设背景下农村生态环境建设的意义、问题与对策研究[J]. 农业经济，2019（7）：33-34.

学生的人文素养、审美情趣和文化品位等，将其文化育人的重要作用发挥出来，实现民族文化的传承和创新，建立优秀传统文化传承体系，为乡村乡风文明建设目标奠定重要基础。当前国家借助各项政策扩大高职院校生源，让更多的乡村学生有机会进入高职院校学习，通过开展文化创新和传承教育培养学生的民族文化素养，从而在实现技术技能培养的同时提高人才的综合素养，将大量高素质、高技能的人才源源不断地向农村输送。

（四）高职教育是促进乡村治理有效的筑基之法

乡村振兴的基础是高效治理。建立乡村治理体系的根本是夯实基础，加强农村基层党组织地位，以党组织为领导核心，以优秀党员为模范代表，让更多的农民参与乡村基层组织建设。对此可借助高职院校的教育功能，引导学生与农民共同提升文化水平、政治素养和农业技能，组建一支具有现代农业先进思想、善于管理、政治素质高且农业技能强的乡村领导班底。深化乡村与高校之间的合作与沟通，并以此建立村校联建常态化治理机制，为乡村发展建设完善的服务体系和治理机制，重新构建农村治理新模范，将自治、德治和法治真正融合在一起。而乡村治理体系的建立需要现代乡村社会治理体制的支撑，建立健全党委领导、群众参与、法律保障、政府负责的多元化协调的乡村社会治理体系。该体系的发展与其内部主体协同合作有关。高职院校在乡村治理环节中影响重大，是促进农民、乡村和政府不同主体整合的重要黏合剂。过去乡村振兴协同治理中多方主体在实行跨界合作与联动时黏合度不强，比较松散，因此，有必要借助高职院校将各主体有机整合，寻找共同利益点，为贯彻乡村振兴战略落实共同努力[①]。

（五）高职教育是实现农民生活富裕的内生动力

乡村振兴，生活富裕是根本。习近平总书记说过，小康不小康，关键看老乡。实现生活富裕是广大农民最直接的现实愿望，实现农业现代化是

---

① 周永平，杨和平，沈军. 乡村振兴与协同治理：职业教育"CCEFG"联动共生模式的探索实践 [J]. 中国职业技术教育，2020（7）：14-20.

促进农民持续增收最稳固的脱贫方式，科技兴农是推进农业转型升级最有效的帮扶措施。发挥高校人才培养优势，以服务乡村振兴发展为目标，完善乡村振兴人才培养模式，建设一批一流农林专业，加快培养不同类型农林人才，打造一支有知识、懂技术、爱农业的农业现代化建设接班人。现代农业发展的关键是人，农民是乡村振兴建设的主体。农民自我发展能力薄弱是导致其收入受限的主要因素之一，而其根源在于知识的欠缺和技能的匮乏。西奥多·舒尔茨的人力资本理论认为，教育通过直接提高个体的劳动生产率，从而提高了个体的收入，也带来了溢出的社会效益。教育具有增强个体生产能力的作用，进而能够提高人的劳动生产率，因此，受教育程度越高的人，其劳动生产率越高，收入就越高[①]。发挥高职教育助农扶贫的"造血输血功能"，大力培育新型职业农民，培育农村贫困人口内生动力，提高农民的科学文化素质、生产技术技能、经营管理能力等，发挥示范带动作用，促进农民增收致富。

第三节　高职教育是实现乡村振兴的助推器

党的十九大明确提出要贯彻落实乡村振兴战略，乡村振兴战略的提出符合我国当前农业农村发展情况，是国家建立社会主义现代化强国的必经之路。实现乡村振兴目标重点是持续不断的人才供应，同理，实现产业兴旺、生态宜居、乡风文明、治理有效以及生活富裕等目标也需要人才作为重要支撑。

高等学校乡村振兴科技创新包括七大行动内容，一是科学研究支撑行动，从理论上支持乡村振兴；二是技术创新攻关行动，破除乡村振兴科技障碍；三是能力建设提升行动，实现高校服务乡村振兴战略；四是人才培养提质行动，将高素质技能型人才输送至乡村，促进乡村发展；五是成果

---

① 陈龙根，张榕. 刍议教育在劳动力流动中的作用力[J]. 继续教育研究，2014（1）：4-6.

推广转化行动；六是脱贫攻坚行动，巩固脱贫示范地区成果（已实现）；七是国际合作提升行动，坚持"人类命运共同体"理念。这七大行动思想指导高等教育与乡村振兴相结合，能有效发挥高等教育作用，寻找适合的技术载体与多元向度实现乡村振兴服务目标，这既保障了乡村振兴战略的有序开展，同时也促进了乡村振兴战略实施的有效性和实效性，高等教育服务乡村振兴战略具有鲜明的理论意义和现实意义。

一、高等教育作用于乡村振兴的价值路径

实现乡村振兴有赖于正确的思想价值观念，需要高等教育改变传统思维，关键是正确看待乡村发展，各级高等院校应将服务乡村振兴作为重要的功能性要素，而并非简单的功能专属，进一步加强各级高等院校在服务乡村振兴过程中的互动和沟通，实现多维度互动。高等院校职能包括科学研究、教学、文化传承创新、社会服务以及最重要的人才培养职能等。高等院校负责人才培养，若在此过程中忽略了乡村振兴和发展要求，片面开展高等院校事业发展规划、制定教育教学行动等，那么最终高校培养的人才会难以适应乡村发展。对于广大农村区域而言，想要依靠基础教育实现自身发展促进乡村振兴极为困难。所以农村发展需要与高等教育相结合，从而为乡村振兴提供适合的高素质、高水平人才。新时期背景下的高等教育也应将乡村振兴作为发挥自身价值的重要方向，高等教育不仅可以提供源源不断的高素质人才，而且可以促进乡村现代化发展，提高农业生产率。高等教育功能建设须坚持三点基本价值路径才能有效实现上述目标：一是高等教育最主要的是为农村发展提供人才，只有高素质、高水平的专业人才才是推动乡村振兴战略的主体，是实现农业科技创新的源泉，更是解决农村劳动力创业与就业问题的关键所在。二是高等教育具有科学研究职能，借助科技研究成果转化促进乡村整体发展，包括经济、政治、文化等各个层面。高等教育发挥科技创新职能从科技层面支持乡村发展，将科技成果转化为现实发展优势，巩固乡村农技创新平台，利用科研成果实现

乡村振兴伟大目标。三是高等教育与当地政府共同合作，以人才和技术为地方发展创造更多优势，根据当地实际发展需求不断完善和优化高等教育功能体系，健全智库咨询服务机制，丰富教育资源，带动乡村整体发展。对于发家致富与乡村振兴等事业发展的认识，地方政府的了解更为深刻、全面，高等教育发展可与地方政府结合，在地方政府对乡村发展认知的基础上发挥高等教育功能优势、人力资源以及价值取向设计，成功实现高等教育功能定位与地方政府发展目标诉求的结合，共同为乡村振兴政策落实创造良好条件。

二、高等教育促进乡村振兴的实践向度

高等教育作用于乡村振兴的实践路径是多维的。总体来看，消缓城乡发展不均、整合类别资源等构成了高等教育促进乡村振兴的实践向度，为教育促进乡村振兴提供了多维视野。

（一）消缓城乡发展不均衡，助力乡村振兴

乡村振兴有赖于城乡发展的日益均衡。随着国家经济发展水平的提高，历史积累的城乡二元结构及其带来的问题虽然在一定程度上有所缓解，但是从整体上来看，我国的乡村仍然在经济发展、教育发展、社区建设、生态环境以及生活条件等方面落后于城市。城乡差距往往容易导致乡村人才外流或是外部人才"望而却步"。缺失人才或是人力资本的乡村未来更可能的景象是"凋敝"而非"繁荣"。在这种情况下，高等教育更应致力于以其社会服务功能实现对乡村发展的直接支援与间接救助。

高等教育因自身人才与技术储备优势，具有打破城乡二元结构的先天功能，不仅有能力弥补城乡社会发展差距，还有能力促进乡村振兴。高等教育服务农村社会发展的政策包括农村贫困地区的专项招生制度，鼓励高校毕业生到基层工作的政策以及特岗教师、免费师范生等扶持农村教师队伍的规定等。这些既有的政策或是制度，在一定程度上能够保障农村学生获得优质教育资源的机会，通过实现城乡教育的相对公平，推动城乡社

会均衡发展。而乡村振兴向高等教育提出的功能诉求除了在制度层面的建设要求外，还涉及更多维的价值定位。比如，高等教育促进乡村中"人"的发展的作用路径，除了自上而下的教育公平制度的落实，还应包括高等教育自身通过对科技人才的培育支持和农村创新创业成果的推广建设，来完善高等教育促进乡村经济发展的路径。再如，促进乡村振兴的高等教育服务有必要进行类型化的功能供给，根据高校类型的功能定位为乡村振兴提供关于"什么"的服务内容，关乎"为何"的服务动因，以及关于"以何"的服务载体，将具体化的服务指向契合到相对"精准"的类型功能中，提升高等教育服务乡村振兴的效能。当不同类型的高等学校发挥所长缩小城乡社会发展差距时，城乡均衡发展、农村中"人"的现代化以及乡村的振兴局面也将得以更好呈现。

（二）整合类别资源，助推乡村振兴

自改革开放以来，中国的高等教育事业快速发展，建立了多样化、层次丰富的多学科高等教育体系。基于如此丰富的教育资源，乡村振兴目标的实现拥有了更加广阔的资源空间。从宏观和微观两个角度上看，高等教育体系的不同要素对高校分类和发展各自产生一定影响，从宏观层面上看，高等教育规模、结构、层次、布局以及职能等直接制约高校种类划分；从微观层面上看，高校分类发展情况与其具体类型、发展定位和策略密切相关。健全的现代高等教育体系具有个性化与层次性的特点，其涵盖的高校种类丰富多样。这种高等教育生态同样具备特有的资源优势，其功能定位也大不相同。而这些差异化的功能定位和资源优势正是高等教育推动乡村振兴的主要力量。换言之，未来将有很长一段时间要对高等教育体系进行资源整合与优化，通过探究合理的协同发展模式贯彻乡村振兴战略。这是高等教育服务乡村振兴工作中最为重要且最基础的一部分。

在实现高等教育内部资源类别优化推动乡村发展方案中可借鉴以下两点思路：一是制定资源互补机制，机制运转以目标为指向，根据问题内容设计解决策略。这也说明想要发挥不同高校资源优势，实现资源整合与优化，最大限度实现合力价值，需要将现阶段乡村振兴资源问题作为各大高

校人才培养和发展的目标，在此基础上建立适合不同类型高校的资源互补机制，最终达到乡村振兴的目的。二是重视各大高校的人才供给能力，尤其是涉农类高校、高职教育，师范类高校以及成人高等教育等，真正提供高素质、真水平且实用性强的发展型人才，将这些人才投入乡村建设和发展中，促进乡村振兴战略的落实。涉农类高校的作用是为农业培养专业性技术人才，应发挥带头作用，带领其他类型高校共同研究与合作，将自身的资源特色优势发挥出来，促进教育改革与发展。以本区域农业发展需求为目标，以环境治理、建设乡村生态文明为核心，提高居民环保意识和法律意识，共同打造乡村振兴发展新面貌。涉农类高职教育的目标是为社会培养具有专业技术技能的人才，是新时期下现代化职业农民、农村高技能类人才培养的主力军，借助学校高职教育资源满足社会人才需求。师范类高校是为社会提供教师资源的重要渠道，在师范类学校中有目的地向乡村振兴靠拢，满足乡村振兴基础教育发展需求，为乡村发展提供充分的教师资源，如此才能实现乡村振兴专业教师团队建设，促进乡土文化传承，为创新创业项目打好人才基础。成人高等教育属于继续教育，是成年人重新学习高中教育、高等层次人员获得岗位培训的主要途径。成人高等教育是高等教育中重要的一部分，在乡村振兴发展过程中，可以为本土管理者提供更多机会实现自我提升和学习。

三、高等教育服务乡村振兴的技术与平台

社会发展阶段不同，高等教育服务模式与媒介也大不相同。新时代背景下，信息技术与网络技术快速更新，逐渐渗透在大众生活的各个领域，对人们的生活产生深远影响，尤其影响个体的学习和发展。换言之，这为农村发展与变革提供了更多的空间，高等教育依托信息与网络技术加速与乡村发展的融合，开辟了农村发展新时代。

（一）借助技术媒介，开辟"双线联动"服务模式

乡村振兴与高等教育的结合主要表现形式之一就是通过现代化技术手段

对农村居民加以改变，更新乡村人的知识结构，提升农村居民的信息素养。乡村的振兴之路最重要的是发挥外部作用，积极改变与革新，与社会变化相适应。高等教育服务乡村振兴是通过现代化技术手段完善高等教育的服务功能来实现的。换言之，就是发挥高等教育的技术资源和教育资源优势，为乡村发展提供更多的技术选择空间，创造联动性能强的技术组合形式。总的来说，基于各种现代化技术手段，如人工智能、大数据媒介、远程技术等，让高等教育联合线上线下共同服务于乡村振兴发展。例如，引入"互联网+"这种新型培训模式培养农民的信息素养，能够有效甄别、选择与运用信息内容，促进农民自我发展水平提升，推动农业产业升级与现代化治理进程。将农民培训与信息技术相结合，让农民利用技术手段获取科学知识，提高现代农业活动质量，优化农村生产方式，农民可更有根据、有目的地处理农事活动。基于此点，高等教育可以为乡村发展提供充分的资源和服务，通过高等教育实现农民现代化、农业现代化建设，推动乡村振兴并制定一套以技术组合为核心的服务机制。服务机制的建立同样可以促进高等教育的发展与改革，让高等教育不只是一个代名词，而是成为具有实质含义，与乡村振兴发展相关联，促进农民现代化发展的重要力量。

高等教育涉及方方面面，不仅有基本的学科专业内容，强调其内在逻辑，还注重自身发展与应用为乡村发展带来的经济效益，关注高等教育本身的科学技术研发、科技成果转化和推广在现实产品、技术和工艺中的运用情况，等等。从技术载体上看，高等教育服务乡村振兴主要分为线上和线下两种形式：一是线下的常态化教育模式，同时包括科学研究、社会服务等；二是线上的教育技术服务模式，通过大数据、互联网等技术手段促进乡村振兴战略有效落实。

（二）依托对接学院，打造乡村学习型社区

可借助各种先进的技术手段发挥高等教育的服务功能，乡村振兴战略主要是发挥服务主体的作用，服务主体有效，其技术才能发挥真正效用。换言之，高等教育机构需要合理规划乡村振兴服务职能，科学安排和组织学院开展相应服务，明确学院服务权责边界。各级学院与乡村发展的对接，不仅有助于建设乡村学习型社区，还可提供学习型环境，为乡村发展培养更多高素质高技能的人才，提高农民的自我发展能力和自主学习意识，营造出优秀的学习型文化，加快建立乡村振兴生态圈。具体为高等教育借助自身教育资源为国家培养优质的农业人才，主要通过两方面完成：一是建设综合性大学中涉及农业教育的院系，二是建设专业的农业大学。特别是为农业培养现代科技务农人才，通过建设这些专业性学校借助国家优惠政策将热爱农业或以农村建设为目标的人才集中在一起进行培养，不仅有助于扩大学校生源，而且实现了农业型专业人才的定向培养。另外，高等教育还可以通过建设各级与农业有关的学院实现农业人才培养的计划，如城乡统筹发展学院、乡村振兴战略研究中心、农村社区发展学院、绿色发展学院、乡村振兴学院等，一方面，为大学生提供更多的实践机会，根据国家提出的"三农"目标，与社会各界共同配合，包括政府、行业、企业、地方产业以及各大高校等，开展针对农村经济、文化、产业以及生态等多方位的改革；另一方面，通过高等教育中的科技和知识优势，为广大农民提供系统的农业发展规划和设计，借助优质团队的作用，开展各类现代化职业培训活动，激发农民的积极性，使他们以更大的热情投入到农业发展中，推动农业现代化进程，提高农业经济效益，引导农民学会与市场"沟通"和"谈判"。

早在21世纪初期，高等教育已经开展各类有助于农村发展的建设活动，如面向农村的服务平台。例如，河北农业大学实施的"一村一名大学生工程"，南京农业大学开展的"科技大篷车"送科技下乡活动等。通过这些有益的前期探索为当前高等教育发展奠定良好基础，促进高等教育各学院与乡村振兴的对接和服务。高等教育服务乡村振兴事业始终在不断钻研和探索，在实践过程中积累各种经验，并获得各种服务成果。例如，中国农业大学开展"科技小院"活动，借助科技服务网络与特色农业技术近距离接触农村，通过多样化的形式为农民普及农业技术，如科技胡同、田间观摩、科技长廊、面对面讲课等，促进农民科技文化素质提升。又如，吉林省东南部地区仅有的一所高等学校通化师范学院为发挥大学的区域发展功能，积极开展各类有益探索，开办吉林省首家乡村振兴学院，安排教师在"映山红"顶岗支教，开发和传承长白山区域资源、非物质文化遗产等，大力支持乡村振兴战略。

（三）着力乡村"双创"，繁荣乡村发展

"双创"是推动乡村振兴的重要路径，而人是实施质量的关键。现阶段，农村地区"双创"态势比较理想，各个领域的"双创"活动为乡村振兴带来新的发展面貌，如电商领域、乡村旅游、特色养殖等。但需强调的是，"双创"人员增多与其质量之间不存在必然关系，尤其是农村地区，农村"双创"仍存在各种人才质量建设问题。高等教育服务可从以下两个方面入手，促进乡村经济、文化等各方面的发展。

一方面，高校可利用自身的专业优势、学科资源以及各种社会实践等开展人才培养和实践活动，大力提高农村"双创"人才的综合素质，例如，理解的交往态度、包容的合作意识、绿色的发展观念、"对口"的技术能力、广阔的知识视野、积极的行动力、城乡文化融合的文化价值观念和乡土文化传承等。通过这些活动将高等教育文化传承与批判的作用发挥出来，通过高等教育合理引导农村精神文化，健全农村社会价值体系，为社会良好风尚的形成奠定基础，推动农村发展和进步。部分高校部门可以进入乡村开展调研活动，让大学生通过调研了解农村，提供与农村亲密接触的机会，学习如何与农民沟通。人是决定"双创"成功的关键，包括当地农民、"双创"活动引导者以及其他利益相关者。大学生应学会如何与农民打交道，为"双创"实施奠定良好的基础。又或者可从思想观念入手，培养大学生的"双创"素养，通过高校的合理引导，让大学生形成绿色消费观念，树立传统文化传承意识，具有服务乡村振兴的行动力等。以上这些方法都有助于拉近大学生与农村之间的距离，为后续的乡村旅游开辟、农村电子商务发展以及乡土文化体验奠定思想条件。这些思想观念最终汇聚在一起形成一股强大的思想力量，逐步渗透农村，改变农村人的传统价值观，帮助农民树立现代农业观。

另一方面，高校培育培养更多的"乡里农创园"人才，发挥这些人才

的作用，为乡村"双创"人员提供各种信息咨询服务，有效促进农村"双创"活动。培训和咨询内容包括项目管理、区域资源类别与分析、"双创"政策、技术应用等。现实表现形式是高等教育通过各种硬件、软件支持农村"双创"工作等，如技术与制度类、信息网络类、设施设备类、生产与成果推广服务类等。高校拥有的优秀教育团队和专业的系统能够有效促进农村"双创"公共服务平台建设，同时在此基础上制定和开展适合的"双创"培训项目。各高校以及有关部门认真解读和分析农村的"双创"政策，帮助农民或涉农工作者掌握电商运营机理，完善相关制度，促进"双创"区域资源力量整合，等等。例如，"乡里农创园"培育工作，高校发挥自身职能推动乡村农创品牌建设，如产品研发、产业对接、项目规划等。除此之外，借助"乡里农创园"活动开展各种适合当地发展的区域文化活动，进行区域人文资源建设，全面服务乡村"双创"工作。

高等教育服务乡村振兴事业发展时应注重农业、农村、农民发展。新时期环境下，高等教育需要关注对城乡一体化发展的促进作用。高等教育实施在无形中拉开了乡村之间的差距，影响了乡村居民对乡村现代化与社会发展的作用，同样也会对乡村居民自身的价值产生冲击。高等教育应对乡村综合发展负责，承担应有的职责，提供乡村文化资源、经济资源和政治资源等。相比之下，高等教育对乡村发展的资源供应能力要高于其他教育机构，主要表现在四个层面：统筹配置文化资源、整合人力资源、优化教育和培训资源，以及文化资源的统筹配置等。当然，理论和现实必然存在一定差距，未来高等教育的重点是合理协调科研、教学和服务社会之间的功能关系。第一，高等教育服务乡村振兴战略所需的相关机制和制度；第二，高等教育功能与乡村振兴服务的明确与实施问题；第三，乡村振兴的关键是正确认识乡村自身问题，制定解决措施，明确未来发展定位，实现自下而上的改革和创新，这才是高等教育服务乡村振兴的实施解决路径。

第五章　高职教育服务乡村振兴的理论依托

第一节　高职教育的理论基础

一、职业教育理论

中国现代职业教育是社会的子系统，始终立足于社会大背景而生成，而且具有不同维度、多门学科。相应地，其理论体系必然受到环境因素的影响，如政治、经济、文化、科技等因素。必须打通中国现代职业教育理论体系的通道，使其内外相通，更好地吸收外部的物质、能量和信息，对其学术形象进行多维度的塑造。对中国现代职业教育理论可以从四个方面进行诠释。其一，从属性上看，中国现代职业教育理论隶属于哲学社会科学的范畴，有三个相互关联的问题需要回答，即中国现代职业教育是什么、为什么和怎么做。其二，从内涵上看，中国现代职业教育理论是在实践中形成的，是系统化的职业教育科学知识，也是对职业教育本质和规律性的理解，通过系列逻辑论证和大量实践检验并由一系列概念、判断和推理过程结合最终形成的现代职业教育认知体系，是对中国现代职业教育活动理性思考、理论说明和理论解释活动的总称。其三，从时间上看，"现代"是既定于新中国成立以来，尤其是改革开放之后的现代职业教育理论体系。其四，从结构上看，中国现代职业教育理论体系"是人们根据已经认识的一些规律及规律间的联系建立起来的由职业教育概念、公理或规律所构成的系统"，主要由概念体系、逻辑体系和范畴体系这三个相互关联的体系从点到线再到面联通起来构成中国现代职业教育理论体系框架。

二、整体教育理论

整体教育理论的核心是"以人为本",遵循"人文关怀"教育理念,要求实现"科学"、"人文"与"创造"的有机统一,目标是实现"人的全面发展",强调局部与全局之间、个体与系统之间的协调发展。从理论本质上看,这一点符合北京大学提出的"精致化"思想基本特征。20世纪70年代,北美地区提出整体教育(Holistic Education)理念,整体教育理念是当时人文主义教育思潮的经典理论之一。其中的整体主义思维模式受到社会的认同,整体教育中的行动理念开始落实。隆·米勒是整体教育的核心倡导者,他认为随着整体教育革命进程加快,当代文化进入了"范式转换"(Paradigm Shift)阶段。按照方法论的角度分析,他认为整体教育是导致教育实施手段产生变革的主要因素。另有学者表示,整体主义是针对"关联"(Connection)形成的教育,其坚持的宗旨是"世界上的所有物体都按照一定方式和其他物体产生关联"。这种关联包括身与心的"关联"、直觉思维与逻辑思维的"关联"、知识领域之间的"关联"、个人与社区的"关联"、自我与本性的"关联"以及人类与地球的"关联"等。整体教育理论阐述了十大基本原则:选择的自由、全球教育、人性优先、灵性教育、尊重每个人、重视体验性学习、民主型社会的创造、新型教师的作用、向整体教育转型、求得共生的生态型教育。

三、教育公平理论

美国罗尔斯教授提出教育结果公平理论。他认为正义表现为:"必须平等分配所有社会益品——自尊的基础、收入和财产、自由和机会,仅有一种情况排除在外,那就是某种不平等的社会益品分配对最少受惠者有益处。"根据这一观点罗尔斯教授又提出两点原则:一是平等的基本自由原则,这与美国《独立宣言》中提出的人人平等原则相同,每个人都应平等享有权利,平等享受自由;二是差别原则,无论是社会还是经济都应确保不利成员的利益。教育领域的公平应达到以下三个层面：一是人人享有平等接受教育的权利；二是每个人享有的教育资源份额应当是公平公正的；三是适当照顾不利成员，确保不平等教育资源分配能够让不利成员受益。罗尔斯表示只有对资源进行再分配才能确保教育资源的公平分配，改善不利者的劣势，为其提供应有的教育资源。

基本的教育公平要求体现在以下方面：

（1）追求教育平等。教育公平最基本的要求是实现教育平等，要求合理分配教育资源。这里的教育平等指的是机会平等和权利平等。在法律面前，人人享有平等接受教育的权利和资格。平等分配教育资源指的是每个人都拥有各种受教育的机会，享有受教育权利。教育面前所有人都有竞争的机会。通过合理平等地分配教育资源，即平等对待所有学生，为其提供相同的教育和机会，从而实现教育平等。

（2）补偿教育差距。罗尔斯和胡森提出教育公平理论，理论指出要补偿教育差距。一直以来，我国实行城乡二元结构制度，在该制度的影响下，城乡义务教育发展不协调，主要是城乡初中教育资源差距明显，表现在经费投入、教学质量、办学条件、师资水平等方面的失衡，致使城市学生与乡村学生接受的教育服务出现落差，教育不公平现象导致农村初中学生不能享受到和城市初中生同样的教学条件。教育公平应保证教育资源倾斜向弱势群体、弱势地区以及弱势学校，实施补偿教育差距。

（3）实施差异教育。差异教育包括两个方面：一是学生个体差异，二是学校之间的办学差异。教育公平的基础就是减少城乡教育之间的落差，保证教育的均衡覆盖。依据农村和城市学校实际情况，合理分配教育资源，有针对性地弥补弱势地区和弱势学校的资源差距，而不是实行均等分配。另外，教育资源分配属于学生个体之外的部分，与其个人素质无关。差异即不同，重视个体之间与学校之间的差异，实行差异教育同样可以促进教育结果的公平性。就学生个体而言，国内农村和城市学生差距明显，而只有重视不同学生的个体差异，才能通过多样化教育资源的供应改变教育不公平现象。

四、产教融合理论

目前，关于产教融合概念，众说纷纭，其中"产教融合"中的"产"泛指产业，在经济学中，产业泛指在教育领域之外的国民经济的各部门；"教"泛指教育，此处特指职业教育，从层次上可划分为初等职业教育、中等职业教育和高职教育；"融合"即"交融"之意，泛指不同形态或者特质的事物相互结合、相互吸收，最终结合成一个新的整体，并重新赋予该整体新的内涵和特点。关于"产教融合"也有另外一个较为具体的解释，比如，"产"泛指产业，指在社会专业分工基础上所形成的相对稳定、相对独立的国民经济部门或行业；"教"泛指教育，特指高职教育；"融合"即融入、合作，产教融合的基本内涵即产教一体、校企互动，源于高职教育与产业之间的天然联系，要想提升技术技能人才的培养质量，校企双方必须走合作与融合之路。职业院校与产业进行合作，是一件双赢的事，不仅可以提高办学水平和技术技能人才培养的质量，而且可以提高技术技能人才培养的主动性与准确性，实现学习与工作一对一的对口关系；产业与职业院校的合作，能够获取自己所需要的技术技能人才，还能提高在职职工的职业素质和技术技能水平，从而提高生产效率。

关于产教融合理论，有诸多学者希望借助不同的理论思想来阐释。系统论从教育、政治、经济等多领域来阐释产教融合，将其看作一项系统工程。处于系统中的院校无法单独完成产教融合，须借助多种系统功能，包括经济系统（含产业、行业、企业系统）、政治系统（政府政策的支持、各部门的统筹协调）、文化系统（企业文化、学校文化）等。利益相关者理论中的产教融合涉及诸多利益相关者，如院校、企业、政府等，在实现利益追求和价值追求的推动下各类利益主体参与产教融合。学者孙善学从马克思主义两种生产理论出发，认为产教融合理论是研究高职教育系统与产业系统关系的理论，是分析高职教育活动目的、方式、标准、内容来源的方法论体系。这一理论包括：高职教育目的论——以满足产业用人需求为产教相融的目标；高职教育标准论——以产业行业职业标准为教育标准；高职教育教学论——课程与教学模式与产业合作；高职教育治理论——以教育界、产业界为主体，政府、学校、社会、行业、企业等利益相关方协同治理；高职教育系统论——高职教育的基本特征是产教融合，要想正常维系高职教育系统及其子系统的运行，就离不开产教融合。产教融合是高职院校为提高人才培养质量而与相关行业企业进行的深度合作，双方为了实现共同的目标而在人才培养目标制订、专业与课程设置、教学与师资队伍建设等方面的融合。现今虽未形成统一的产教融合理论体系，可是人们的研究依旧在产教融合理论内涵研究上展开。

五、终身教育理论

20世纪20年代，终身教育理论进入人们的视野，逐渐为人们所熟悉、所接受。1970年，保尔·朗格朗出版《终身教育引论》一书，此书的出版使"终身教育"演变为科学概念。1972年，国际教育发展委员会的报告《学会生存——教育世界的今天和明天》中提出终身教育包括教育的方方面面。联合国教科文组织教育研究所前研究员戴维认为，终身教育应该是个人为了提高自己的生活水平而在成长的每个阶段接受的一种具有社会性和专业性的，包含所有的学习的过程，是一种综合和统一的理念。在我国，学者对终身教育的概述主要以吴遵民教授和陈桂生教授为代表，在终身教育概念上，吴遵民教授和国外学者的解释基本相同，认为终身教育应是贯穿人的一生的教育，即包括从出生到老年的所有正规、非正规和正式、非正式的教育，以及在制度上连接不同的教育系统，整合包括学校、家庭和社会的所有教育资源[1]。而陈桂生教授在已有概念基础上着重强调终身教育内涵和外延的变化，指出终身教育的内涵由最初的"成人教育"不断地扩展延伸至个人"终身的所接受的所有的教育"，是不断变化和发展的过程[2]。

---

① 吴遵民. 终身教育的基本概念[J]. 江苏开放大学学报，2016，27（1）：75-79.
② 陈桂生. "终身教育"辨析[J]. 江苏教育研究，2008（1）：3-6.

终身教育是一体化的教育体系，可分为两个方面进行阐释：从纵向来看，终身教育把人一生不同阶段的教育连接起来，包括学前教育、学校教育、成人教育、继续教育；从横向来看，终身教育把不同领域教育连接起来，包括家庭教育、学校教育、社会教育。终身教育与传统意义上的各种教育相比有很大区别，尤其是终身教育的内涵颇丰，具体表现在以下几方面：其一，在教育目的取向方面，注重以人为本，以人的全面发展为最终目的。其二，在教育对象方面，重视教育的对象为全体社会成员，无区别对待，体现了公平性。终身教育打破了时间、空间、教育类型的界限，人人皆可学习。其三，在教育时间方面，表现为终身性。其四，在教育空间方面，表现为全方位性，可辐射到任何一个地方，使人们工作、生活的场所都具有教育功能。其五，在教育内容方面，表现为全面性，提倡德、智、体、美、劳全面发展。其六，在教育体系上，表现为开放性，教育系统向社会开放，教育资源向所有人开放。高职教育是实现终身教育的一种重点教育形式，与此同时，农村高职教育也逐步向终身教育发展。在终身教育理论的指导下，高职教育将会形成一种教育类型并始终贯穿人的一生。

第二节　农村高职教育的理论基础

一、农村职业教育理论

农村职业教育是现代职业教育的重要组成部分，农村职业教育的服务对象有别于其他教育服务对象，农村职业教育的主要服务对象是"三农"，即以农业、农村、农民为主，基本目的是为在农村生活或生产的社会成员提供教育平台，提高其职业技能。它具有多项特点，包括职业教育的许多基本特性、自身特点以及与农村相关的性质特点。不同学者对农村职业教育的定义不同，但其内涵却相差无几，都是从农村职业教育的服务主体、服务区域、服务内容等方面出发进行定义。何云峰[1]从动态变化的角度进行分析，提出农村职业教育和城市职业教育是相对的这一观点，结合了农村自身特点进行概念界定，农村职业教育以农业、农村和农民为主要服务对象，以为农村培养各类型的技术人才、管理人才，大力普及和推广农业应用技术与成果，服务于农村社会经济发展为目标。王守聪[2]在城乡统筹一体化发展这一背景下，认为农村职业教育产生于计划经济时期，和它相对的是城市职业教育，二者在区域与时空上具有一定的差异性。同时，农村职业教育会受城乡一体化发展的影响而走下坡路，直至消失。崔丽娟[3]认为农村职业教育伴随着城乡二元结构而出现，当前的现状是，无论是城市地区还是农村地区的职业学校，生源大体上都来自农村，很难对农村职业院校进行界定，因此，人们需要换个角度来审视农村职业教育的概念。

舒马赫[4]在他的可持续发展理论中认为，对于发展中国家来说，解决农村问题是主要问题，导致农村贫困落后的主要原因不是缺乏自然资源或资金，而是农村教育落后。他又表示，只有加强农村教育，才能够解决农村问题；指出赠予知识和精神财富，接受者能够将这些财富变成自己的东西，而赠予物质财富就是完全不同的情况，正如"授人以鱼，不如授人以渔"。对接受者最好的援助是在精神上和知识上。在舒马赫看来，教育最主要的任务就是向接受者传授怎样去对待生活，应该拥有什么样的价值观念，因而这是一种"正确的教育"。教育本身是建立在教育实用价值的标准之上的。舒马赫认为，农村教育并不是使一些生活在农村的人向城市发展，而是使农村发展得更好，接受农村职业教育就要承担一定的责任和义务，为促进农村经济的发展奉献自己的力量，这才是使农村发生改变的本

---

① 何云峰，现任上海师范大学教授、博士生导师以及知识与价值科学研究所所长。

② 王守聪，现任北大荒农垦集团有限公司党委书记、董事长。

③ 崔丽娟，国家林业和草原局湿地研究中心主任、中国林业科学研究院副院长、中国妇女第十二次全国代表大会代表、北京市海淀区第十届政协委员会常委、九三中央资源环境专门委员会副主任、九三中央科普工作委员会副主任。

④ E. F. 舒马赫（Schumacher. E.F）（1911—1977），英籍德国人，世界知名的经济学者和企业家，被后人称为"可持续发展的先知"。

质所在。舒马赫认为，单纯的科学教育是不可能挽救人类的，科学教育太深奥、太枯燥、太呆板，应该向他们传递正确的思想状态和精神面貌，从而改变农村的整体面貌。

二、教育机会均等理论

（一）起点均等论

该理论属于保守主义思想观念，是一种机会均等观。第一次世界大战之前该理论主要流行于西方资本主义国家之中，理论认为每个人的能力都不相同，个人天赋独立于其存在的社会等级。

这一流派的代表人认为："最关键的问题在于发现更多天赋优秀者，利用这些优秀人才促进国家经济发展，同样让这些拥有优秀天赋的人获得应有的荣誉和声誉。"通过教育和考试可以筛选优秀人才，根据能力的不同划分学校，我国当前的人才选拔正是采用此种方法。所有人都可以发挥自己的能力，并引以为傲，原因是这些才能是伴随其出生而存在的。保守主义哲学对西欧等工业发达的国家影响深远，这些国家强调开办不以升学为目的的短期中等教育，典型代表有联邦德国国民学校、高级中学、中间学校，瑞典中间学校等。这些学校确实符合三个阶级社会的需求。法律提出人人享有受教育权利，都必须进入校园平等学习。但是大部分工人阶级的子女只能进入公办学校，相比之下，公办学校的教育质量、教学环境比较恶劣，更重要的是，这些公办学校无法和高等教育衔接。西欧各国实行的双轨制教育政策，从表面上看起点均等，但也仅限于形式上的平等，事实上这种教育存在严重的不公平现象。

（二）过程均等论

20世纪50—60年代，西欧、北欧等多个国家盛行自由主义过程均等论。从古典自由主义哲学的角度概括，该理论指的是个体生来拥有独特的天赋，或在某方面拥有比较突出的能力。而教育系统的目的是消除社会障碍和经济障碍。通过教育系统设计让拥有优秀才能但是出身贫寒的学生能够有机会获得好成绩，发挥其应有才能，使其获得升迁性社会流动权利。自由主义哲学观指出："教育让拥有优秀天赋的个体能够顺利达到应有的社会地位。"在此基础上，过程均等论指出："教育制度中每个儿童都应当被平等对待，享受公平的教育权利。"基于均等论影响，西方国家在20世纪中期就撤销了双轨制教育政策，并进行教育改革，连通初、中、高三级学校教育。打破由于地域因素和贫困因素造成的教育壁垒，确保所有儿童享受同样的教育。正是因为这种自由主义哲学的影响，在20世纪，欧洲率先以立法形式进行教育结构改革。对于破除贫困、击碎由于学校不同而出现的障碍，人们认为可通过延伸教育水平，缩小教育差距，实现统一性教育，保证教育面向各阶层的儿童。过程均等论指出，个体之间尽管有差异，但是不应因为其社会出身与人种不同而受到区别对待，每个儿童都有权利享受相同的教育资源。

三、教育成本收益理论

教育成本指的是使用社会、家庭、私人等各种资源投入教育活动中的成本之和。一般以货币形式换算。教育成本分为两种：一是可量化的货币成本，二是难以量化的机会成本。投入教育行为中的各种劳动转化为货币形式，其货币总量称为教育投资的货币成本。货币成本包括私人货币成本与社会货币成本。以家庭或个人为单位，以接受教育为目的，投入相应教育费用称为私人货币成本；以促进教育事业发展为目的，国家或政府使用财政资金或社会公益捐款、合法集资等费用称为社会货币成本。机会成本包括广义上的机会成本概念和狭义上的机会成本概念。从广义的角度上看，机会成本指的是在多套方案选择中挑选一项能够实现目标的方案，剩余其他方案被舍弃，舍弃的方案中可能存在创造更大收益的方案，这些方案被称为机会成本。例如，投入教育行为中的资源若换投到其他领域中可能达到更为理想的效果。从狭义的角度上看，机会成本是指在实现某一目标过程中失去的资源价值。常见情况有学校的租金收入、固定资产损失利息、各种磨损消耗的维修费用，以及学生选择接受教育而失去就业收入、丧失地位提升的机会等。教育经济学理论中常使用狭义机会成本概念，尤其是本科毕业生选择继续读研还是进入社会工作这一情况，这是因为本科毕业生拥有进入社会工作的能力和资本，已经结束国家规定的九年义务教育学习阶段，可以通过在大学期间所学的专业知识为自己获取一定经济收入。这一阶段的学生不属于国家规定的继续学习的范围。若本科毕业生在此时决定继续学习，那么将失去进入社会工作获取经济收入的机会。

从理论上看，教育投资收益的属性包括两个方面：一是经济收益，经济收益与资产计价关系紧密，它是指在某一时期内，投资主体净资产变现过程中价值波动后的结果，资产计价会参考企业未来可能获得的收益，并将其按照当下的价值进行估值，预期收益评估正确与否可影响最终收益的多与少；二是会计收益，它是指在某段时期内，经济主体获得的收入对比历史时期成本之间的差额。通过会计收益可以了解收益的变化趋势，掌握企业在不同阶段的经济发展情况。在教育经济学理论中，受教育者通过接受教育提高自身的技术能力、知识水平，并为自己带来更多的经济收益，这就是教育收益。

教育收益包括两种类型：一是投资性收益，它是指与市场规律相契合的货币性收益，主要用于评估某一等级教育的投资性收益，表现形式是两个相邻教育等级的劳动者工资收益之差。二是消费性收益，它是指难以通过货币形式量化的非市场化形式教育，受教育者通过接受教育，为其自身与家庭带来情感满足、经济理性和家庭生活等方面的收益。教育投资的另外一种收益称为外部收益，它是指为受教育者之外的非家庭成员和社会带来的影响，这种收益无法量化。

四、人力资本开发理论

1960年，美国提出人力资本理论，该理论来自美国经济学年会中西奥多·舒尔茨发表的《人力资本投资》，这一理论在经济学界引起广泛关注并迅速在各国推广使用。

人力资本包括两部分：一是人力资本存量，二是人力资源质量。个体的生产能力、科技文化水平与受教育程度共同构成人力资源质量。劳动者除自身的自然能力外，还包含后天接受教育、个人突破创新以及掌握技能形成的抽象的劳动附加能力。舒尔茨表示可以通过积累物质资本、增加土地使用规模以及提高自然资源利用效率等方式实现提升生产力的目的。舒尔茨将人力资本概念与物质资本和规模经济进行对比，指出资本生产最关键的一环就是利用知识技能等促进人力资本资源量，通过教育投资推动现代经济发展，提升经济效益。从本质上看，人力资本投资是对人的原始状态进行开发，使其逐步转化为人力资本。换言之，就是采用教育等方式，投入一定的资金成本，将智力、技能、体力、知识赋予受教育者，挖掘其潜力，提升受教育者个人素质，实现投资目的。

高职教育就是对劳动者进行教育投资，属于投资人力资本的方式之一，借助高职教育培养劳动者的技术能力，提高其个人素质和经济收入，促进人力资本转化，带动经济效益提升和社会发展。在我国教育体系中，农村高职教育属于其中重要的一部分，它是帮助农村积累人力资本最关键的手段，所以只有积极发展农村高职教育，才能实现农村生产力提升，减少成本投入，如技术成本、资金成本和物质成本，继而推动农村地区经济发展。农村高职教育影响重大，扩大物质投入、资金投入和技术投入等都能够促进农村高职教育质量提高，实现农村高职教育人才培养的目的。而培养的人才，尤其是高素质职业人才能够有效促进先进科学技术的应用和推广，新技术和新制度可显著提升资金、技术和物质使用效率。

五、可持续发展理论

（一）可持续发展理论的内涵

可持续发展的正式概念是在1980年出版的《世界自然保护策略：为了可持续发展的生存资源保护》中首次提出的。1987年，世界环境与发展委员会在《我们共同的未来》报告中肯定了可持续发展的重要作用，只有通过经济可持续发展和社会可持续发展才能真正解决环境问题。

此次报告首次界定了可持续发展的概念内涵，既要满足当代人经济社会发展的需求，又要以不损害后代人发展需求为目标。从20世纪80年代西方学者首次提出可持续发展理论到20世纪90年代初，可持续发展理念已成为全球范围内的共识，中国学者也在这一时期引入并接受了可持续发展的思想，并通过不断引进和吸收，将可持续发展概念进行了创新和本土化。

可持续发展的内容主要涉及可持续经济、可持续社会和可持续生态的协调统一。它要求人类在从事发展活动时要充分重视经济效益、关注生态和谐和促进社会和谐，最终实现人的全面发展。可持续发展的概念虽然起源于环境保护，但随着当代发展理论的发展、丰富和提升，其内涵已远远超出环境保护本身，而更加重视将环境问题和发展问题结合起来，使之成为当今社会全面发展的长期战略。

随着可持续发展理论逐渐被应用于教育领域，农村高职教育作为培养人的活动，在实施可持续发展战略中变得至关重要，实现农村高职教育的可持续发展从而推动整个社会可持续发展很有必要。伴随着我国乡村振兴战略进程的加快，实现农村高职教育可持续发展成为人们关注的一个重要议题。一方面，随着乡村振兴战略进程的加快，大量农村职业学校出现"离农"倾向，导致农业职业学校的发展缓慢和涉农专业的萎缩，阻碍了农业现代化发展。另一方面，由于历史原因，我国农村经济较为落后，农村高职教育质量不高，与城市高职教育差距巨大，难以实现城乡高职教育的可持续发展。

（二）农村经济与教育的可持续发展

1. 农村经济的可持续发展

农村经济可持续发展是在确保环境与资源得到有效保障和使用的基础上，对农村体制进行改革、实行技术创新等，提高农产品生产力，以贴合当前市场需求，同时不会影响后代子孙的正常生产需求。国民经济发展需要依托农业支持，社会发展同样需要农村支持，乡村是构成社会的基本单元，因此，只有实现农业可持续发展，才能达到社会可持续发展的目的。

我国可持续发展战略的基础是解决农业的可持续发展问题，强化农业根基，提高农业地位，实现经济社会的繁荣与稳定。

2. 农村教育的可持续发展

基于社会可持续发展战略指导思想，依托教育资源完善教育发展形态，实现教育协调均衡发展，且不会对其他方面造成破坏，最终实现公正平等的教育目的，这就称为教育的可持续发展战略。实行教育可持续发展的原因是个体本身的可持续发展深刻影响经济社会的科学化发展，提高人的素质需要借助教育中的育人功能。可持续发展要求个体具备一定的素质和优秀品质，因此应站在可持续发展的角度上评估教育目的和培养对象。农村教育的目的是为社会发展和农村经济提供服务，当前中国发展进入新阶段，各领域呈现出新面貌、新业态，农村教育也在此过程中不断调整，使农村教育发展目标、战略思想以及应对措施等都符合国家整体发展现状，只有这样的农村教育才是契合农村经济发展的教育。

第三节　乡村振兴战略的理论基础

一、战略管理理论

自党的十九大以来，乡村农业有了更充实的发展基础，新时代的社会主义乡村建设新理论是适应乡村振兴战略而产生的。它解决了"三农"问题，并且为人们指定了前进的方向和解决矛盾的方案。原始社会中，城乡没有明确的界限，因为那时候的人们生产力落后，只能保持满足生活的必要生产。随着人口的增长和生产力的发展，原始社会开始变革，原有的生产关系发生动摇，促进了城市与乡村之间距离的产生。新时代中国特色社会主义以"五位一体"为总体布局、"四个全面"为战略布局，开启了建设社会主义现代化国家新征程。在习近平新时代中国特色社会主义思想中，乡村振兴是实现必要理论指导的主导思想。

新乡村建设的深化与升级是乡村振兴战略的具体表现。四十多年的改革开放与十余年的新乡村建设，让乡村的经济得到了飞速的发展，同时乡村的治理也有了很大进步。

党的十九大报告中指出，要实施乡村战略，就必须依照产业兴旺、生态宜居、乡风文明、治理有效、生活富裕的总要求；提出"加强乡村基础工作，健全自治、法治、德治相结合的乡村治理体系"。这既充分展示了我国对于乡村建设的重视，实施乡村建设，推动乡村的经济政治生态、文化社会等方面的发展，又能响应党的十九大对于新时代推动乡民自主治理的发展，更是新农村全面建成的具体表现。

二、乡村治理理论

治理理论给政治学、行政学、管理学等学科的研究提供了新的知识背景和话语体系。随着西方治理理论的兴起及引入，我国学者开始考虑治理理论的中国适应性问题，同样给我国的政治学、行政学、管理学等学科的知识背景和话语体系打上了治理理论的烙印。20世纪末，为治理理论本土化，一些学者尝试将西方的治理理论引入对中国乡村问题的解释和分析当中，提出了"乡村治理"的相关概念，形成了乡村治理理论的基本框架。特别是在中央大力推进社会主义新乡村建设的政策背景下，乡村治理理论不仅迎合了乡村治理结构转型的迫切需要，而且使乡村治理理论逐渐成为中国农村问题研究的主流范式。

随着"推进国家治理体系和治理能力现代化"的提出以及乡村振兴战略的实施，乡村治理理论的地位进一步提升，成为当前研究乡村问题、推进乡村振兴战略的重要理论依托。乡村治理理论是一般意义上的治理理论与乡村建设理论创造性结合的产物，是治理理论在中国乡村问题研究中的本土化，表现出鲜明的中国特色。与以往碎片化的研究视角不同的是，乡村治理理论摆脱了村民自治理论以及政权建设理论的束缚，系统地回答了由谁治理、如何治理、怎样治理等一系列现实问题。治理理念、治理主体、治理方式、治理机制共同构成了乡村治理理论的四大核心要素。就治理理念而言，乡村治理试图将民主、法治、公平、正义、廉洁、高效等一系列现代观念嵌入当前的农村治理结构和体系当中，丰富和拓展了农村治理的价值内涵；就治理主体而言，乡村治理关注传统的政府主导的单一权威主体如何向多元参与的主体结构转变；就治理方式而言，乡村治理倡导通过说服、教育、协商、互助、妥协等多元的、相对温和的非强制性手段改变过去对抗性的、单向度的权力运行方式，实现农村高职教育的柔性治理；就治理机制而言，乡村治理试图通过加强乡镇服务型政府建设，发挥好党组织的领导核心作用，完善村民自治制度，建立科学合理的决策、管理、监督、保障机制。乡村治理的目的是通过对治理要素的调整，优化农村高职教育的治理结构，构建现代化的农村治理体系，实现农村高职教育的善治。

三、生态经济理论

20世纪60年代，经济学者肯尼斯·鲍尔丁提出了生态经济思想。该思想将生态和经济有机结合在一起，在一个生态被破坏的社会里，经济效益也不会增加，生态和经济统一在社会中，二者不可分割。生态经济学的提出，使生态价值与经济价值等效，并提醒人们在追求经济效益的同时，也要重视生态环境的保护。生态经济理论不仅丰富了经济学理论，也为生态环境遭到破坏的一些国家提供了一个全新的发展思路。而生态农业的发展，正是将生态效益与经济效益完美结合。

生态农业依据的原理是生态学家马世骏提出的"整体、协调、循环、再生"原理。"整体"是系统学理论的基本特性，部分组成整体，但整体的功能并不是部分的简单加总，而是新的功能或者大于部分之和的功能，产生"1+1>2"的收益；"协调"说的是要想产生"1+1>2"的收益，则部分间也就是生物间应协调发展，互惠共存；"循环再生"则表达了农业生产中可持续发展的思想。"生态系统的能物流"原理，包括生态系统的物质守恒原理和生态系统的能量转化原理，在农业生产中，可以投入多种多样的能物流来促进农业生产。经济学的"经济外部性"原理，例如在农业生产中，处在上游的生产者为了节约污水处理成本而破坏了水环境，成本虽然节省了，但是下游的人们会增加使用水的成本，使生产企业把自身的成本外摊到社会中。生态经济理论给人们带来的启示：从生态经济理论可知，在农业生产中，不能过分地看重经济效益而忽视生态效益，生态环境是经济发展的基础，生态环境的破坏将会给农业经济效益带来影响。关于我国的农业生产，应坚持可持续发展之路和"整体、协调、循环、再生"的原理，以达到生态效益、社会效益和经济效益三者的紧密结合，促进农业生产。

四、城乡统筹理论

城乡统筹包括两个方面：一方面，它表述的是一种理想社会状态，城乡水平的差距、发展、和谐共生以及社会保障和福利在该状态下不会有明显差距，是一种和谐共赢的发展局面；另一方面，它能建立和实施一系列的政策措施，调节城乡关系，重建城乡空间结构，协调经济和产业发展，维护各自和彼此的互动和可持续，消除城乡之间的隔阂，调节财政和税收收入的国民再分配，实现民主平等、以人为本的理念，共享我国改革开放和经济发展成果，是一种社会发展和管理的方式。在经济社会快速发展、综合国力显著提高的局面下，我国应抓紧有利时机，加强城市对农村的辐射带动作用，在制定经济社会发展规划、调整收入二次分配、出台重要政策措施等方面，加大对处于弱势地位的农村地区的扶持，把工作重点放在扶持三农发展上，着力解决好"三农"问题。

（一）"田园城市"理论

工业革命时期，霍华德的《明日的田园城市》中最先提出城乡统筹的理念。在农民大量进城，城市人口日益膨胀；城市规模无序扩张，大量贫民居住条件恶劣；城市公共服务短缺，道路拥挤；环境污染，人们的生活水平降低的时代背景下，其"田园城市"理想的城乡统筹发展模式在城市发展所出现的问题中应运而生。他用"社会城市"的概念来诠释城市的组织结构是一种城乡统筹的理想社会形态，"田园城市"模式的初衷就是解决城市空间发展的问题，也为农村发展指引了一条道路；"田园城市"模式把城市和农村二者的功能融为一体，是理想化的城市和乡村的"连体婴"，实质就是城乡融合。这个理论的创立，为实现城乡共同和谐发展指明了一条道路。"田园城市"是千百年来人们孜孜不倦追求的理想家园，是人们的"理想国"，更是人类美好愿望和美好生活的向往。霍华德的"田园城市"理论所倡导的城乡融合理念，对于优化城乡空间布局，化解城乡矛盾，全面提升城乡面貌和建设水平，具有一定启发意义。

（二）城乡一体化理论

城乡一体化理论提出，城市与乡村两者之间要借助便利流通的社会资源和产业发展要素，通过协作发展、资源共享，实现互利共赢。它要消除城乡冲突，优化和合理配置城乡资源，促进城乡在经济、社会、生态、文化等方面的融合，实现人们对和谐生活的向往，并以"以城带乡，以乡促城"的方式推动城乡一体化的实现。城乡一体化理论把城市作为发展的核心，将城市与乡村产生相互作用的区域作为物质空间，强调城市对农村的带动作用，城市对乡村的吸引和辐射力也发挥了重要作用。城乡一体化理论体现为一种城乡发展的传导效应，强调城市和乡村发展的互利互惠、相互依赖，它所描述的地域抽象性比较强。该理论阐述的城乡一体形成机理和演变过程在不同国家和地区不一定都适用，但是对于我国研究基于城乡关系的村庄空间发展模式具有一定的参考价值。

（三）现代城乡融合理论

大部分发展中国家实施的都是重点优先发展城市的政策，导致城市无序扩张，人口增长过快，城市病严重，但与此同时，乡村自生自灭，甚至发展空间受到打压。在此背景下，20世纪60年代，研究城市的学者刘易斯·芒福德设想把城市和乡村进行融合，在此区域重新发展成一座新城市，与所在的区域平衡发展，人们都可以过上更高品质的城市生活。而戴维·杰泽夫等则是通过对发展中国家的城市核心区、农村发展区和农村发展中心等各个层次的空间模式的研究，提出三维的城乡空间合作模式，试图通过城市和农村的优势互补，破解发展的瓶颈。

五、产业发展理论

产业是指具有某些共同特性的企业集合，具有相同性质的生产或从事其他经济社会活动的企业、事业单位、机关团体和个体的总和。产业是国民经济的重要组成部分，企业则是构成产业的基本单元。产业发展是一个从低级到高级的过程。产业的形成指从事生产、产生经济活动的企业从无到有、从少到多的发育过程，且逐步达到一定规模，构成属于自己的生产产业链并形成独立产业的过程。产业形成的两个关键因素：一是新技术的产生和推广应用，因为技术进步是产业变革和进化的核心力量，新技术的产生和推广应用也是科学技术发明创造的价值实现过程。二是企业创新和产业创新，它们能将多种生产要素进行重新组合，将原有的生产方式进行创新，并且分离出来形成新产业。

产业发展是产业不断成长和演进的过程。总的来说，产业遵循的是不断成长、壮大和现代化的过程，它的发展依赖于产业革命，而产业革命使产业及各方面发生根本性变革。从18世纪60年代至今，世界产业发展经历了四次变革：轻工业革命、重工业革命、信息产业革命和知识经济革命。20世纪90年代至今，经济以知识为基础，知识是产业发展最重要的经济要素；高素质的教育人才是支撑知识经济的重要因素。知识产业成为主导产业，教育与科研成为新兴产业，知识结构高级化、知识扩散全球化。所以，知识经济与教育和科研具有很强的相关性，知识经济的关键在于知识。究其原因，知识的生产与应用将直接带动教育与科研的发展，教育和科研成为专门的产业，知识经济取决于教育对高级专业技术人才和技能人才的培养。

六、"三生共赢"理论

"三生共赢"概念最早由北京大学叶文华教授提出，是指生活、生产与生态的共同发展，原指处理涉及利益冲突的双边或多边关系时，必须考虑到各方的合理利益需求。可见，"三生共赢"的目标是协调生活、生产和生态发展之间的矛盾与冲突，均衡三者之间的关系，在生活水平不断提高的同时，使生产能力不断提升，生态环境不断改善。按照"三生共赢"理念的要求，在处理环境保护与经济发展之间的矛盾时，必须寻求两者共赢的解决方案。

"三生共赢"准则下，乡村发展行为必须同时考虑改善自然生态，提高人民生活和发展经济生产三个方面，而其中的"发展行为"包括政府政策行为、组织生产行为、投资行为以及所有与社会发展相关的公共行为。准则的重点不仅在于生态、生活、生产分别得到改善、提高和发展，更重要的是三者在时间和空间上同步实现共赢①。

（一）"三生共赢"是时间尺度上的共赢

从时间尺度上看，"三生共赢"需要农村生活、农业生产和农村生态三个方面同步发展。只有三者同步发展，才能保证三赢局面的产生。此外，"三生共赢"的目的是保障长期发展能力，这也是可持续发展定义中"不损害子孙后代发展权利"的应有之义。

（二）"三生共赢"是空间尺度上的共赢

从空间尺度上看，"三生共赢"表现在遵循区域整体发展原则，构筑合理高效的乡村振兴发展体系，对农村生活、农业生产和乡村生态三者并重，全面提升区域整体实力和协调发展水平，实现共赢发展、持续发展、协调发展、绿色发展。

---

① 田大庆，王奇，叶文虎. 三生共赢：可持续发展的根本目标与行为准则[J]. 中国人口·资源与环境，2004（2）：9–12.

（三）"三生共赢"是乡村可持续发展的目标

"三生共赢"是可持续发展的目标，是重建和谐的根本途径。农村生活、农业生产和乡村生态的共同发展，是人与自然、环境子系统之间和谐共生的可持续发展。三者中任何一方的发展问题都会导致社会或环境问题。乡村振兴发展中要培养农民的环保意识，调动农民的环保积极性，必须将环境保护纳入农民生产生活决策，实现生产、生活、生态的激励相容。

（四）"三生共赢"是乡村可持续发展的行为准则

"三生共赢"不仅是人类社会可持续发展的目标，也是判断人们的行为是否符合可持续发展理念的标准。不同的社会价值判断导致不同的行为，在评价人类行为的过程中，有必要分析其对生产、生活和生态的影响。在此基础上，选择有利于"三生共赢"的行为。也就是说，只有对"三生"产生积极影响的行为才是可持续发展行为，任何一方的发展都不能以牺牲另外一方为代价。

由于历史与环境的差异，乡村的自然环境、生活方式、生产模式是多样化的，这就决定了乡村振兴的"三生共赢"发展模式必须不断创新，不能完全照抄照搬现有的模式，而应立足当地的资源禀赋和文化特点，在实践中大胆摸索。"三生共赢"作为乡村振兴的目标和行为准则，应贯穿于农村生活、农业生产和乡村生态的振兴发展决策中，时刻以保障乡村可持续发展为出发点。

七、乡村多功能性理论

乡村是一个由经济、社会和环境构成的复杂生态系统，系统中各要素的不同组合能够形成不同的功能类型和功能强度，这些功能的发挥使乡村的经济、社会、生态功能又得到进一步的增强。从乡村空间角度来看，乡村是农民工作、居住和生活的空间环境，其本质是人类对乡村空间占有及使用的普遍形式，这种形式由于不同于工业化城市而丰富了人类的生活。

多功能性是乡村地域的本质特征，多功能要素的分化整合是乡村社会发展的动力机制。随着工业化和城镇一体化的发展，乡村功能呈现出更显著的多元化趋势，涵盖了经济、社会、生态、政治和文化等多方面的功能。

（一）乡村的经济功能

乡村经济是乡村全方位发展的动力和保障。乡村的经济功能主要体现在向社会以价值形式提供乡村产品，这也是乡村产业的基本功能之一，它的核心作用是满足人类赖以生存和发展的基本物质需求。增强乡村振兴的经济动力，对国民经济发展起着重要的基础性支撑作用。乡村的经济功能还表现为保障国民经济的可持续发展，主要体现在提供农产品、开拓市场、提供生产要素和促进外汇收入等方面[①]。

（二）乡村的社会功能

乡村的社会功能主要体现在提供劳动就业和基本的社会保障，促进乡村社会全面发展。乡村发展不仅能够为乡村人口创造就业机会，还对乡村产品的质量、数量和安全性产生直接影响，满足人们对生存需求以及环境美感需求的更高期望，这些都是乡村社会功能的发展。乡村作为以农业生产为主体的区域，为人类生存提供了一种新的选择，乡村生活也很好地丰富了社会发展的内涵，是社会发展的有益补充。

（三）乡村的生态功能

乡村的生态功能主要被理解为推动乡村发展风貌的职能，以保护和改善环境为具体体现。乡村区别于城市最直接的功能就是生态功能，而保护和发展乡村生态功能对乡村经济发展的可持续性具有积极的、显著的正效应，对改善人类的生活环境，保护生物多样性，防范自然灾害，推动三次产业融合与协调发展等，都起着积极和重要的作用。

（四）乡村的政治功能

乡村的政治功能主要体现为乡村在维护社会政治稳定中的作用。乡村的生产方式决定着乡村组织体系的构成，而乡村发展状况在很大程度上决

---

① 黄安，许月卿，刘超，等. 基于土地利用多功能性的县域乡村生活空间宜居性评价[J]. 农业工程学报，2018，34（8）：252-261，304.

定着基层社会秩序。我国乡村人口比重较大，乡村发展与大部分人的切身利益直接相关，因此，乡村稳定对整个国家的稳定发展至关重要。同时，乡村农产品是国家进行战略储备必不可少的物资，因此，乡村发展是实现国家稳定和长远发展的重大战略，具有重要的政治功能。

（五）乡村的文化功能

乡村的文化功能主要体现在保护文化多样性和教育、审美及休闲等方面的作用。一方面，乡村一般起源于古老的聚落，蕴藏着丰富的文化渊源；另一方面，乡村的淳朴气息能够帮助人们树立正确的世界观、人生观和价值观，有利于形成人与自然和谐发展的局面。

乡村的多种功能之间是相互依赖、相互促进和相互制约的。就经济功能而言，其功能效应的有效发挥不仅对乡村总体功能的实现产生影响，而且其蕴含的价值潜能还可以直接或间接地影响乡村社会、乡村生态、乡村文化和乡村政治功能的发挥，其他功能亦是如此。乡村的多功能性对乡村复合生态系统的每个子系统均具有支持作用，充分发挥乡村多功能性，可以促进乡村复合生态系统的稳定和发展，不断为乡村发展注入新的活力。

八、新时代发展理念

理念是行动的先导，发展理念是否具有科学性及合理性，从根本上决定着发展实践是否有成效乃至发展实践的成败。党的十九大报告指出，要坚持农业乡村优先发展，实施乡村振兴战略，是城乡关系的重大战略性转变，是我国实现全面现代化的重大举措，也为乡村发展提供了新思路，为农业乡村改革发展指明了航向。实施乡村振兴战略，必须坚持农业、乡村优先发展，把创新、协调、绿色、开放、共享的新发展理念贯穿始终。同时从乡村发展的实际情况出发，为城市和乡村的协调发展建立强有力的体制机制，按照"产业兴旺、生态宜居、乡风文明、治理有效、生活富裕"的总要求，加快现代乡村全方位建设，实现乡村和谐稳定，满足农民群众对美好生活的需求，促进农业全面升级、农村全面进步、农民全面发展，实现城乡一体化发展，夯实乡村振兴的基础。

（一）践行创新发展理念

乡村振兴中的创新发展实践主要体现在三个方面。一是加快转变乡村发展方式。实施创新驱动发展战略，加快乡村产业结构战略性调整，推进农业供给侧结构性改革，提高农业供给体系的质量和效率，优化市场需求结构，使乡村生产的产品符合消费者的需求，走中国特色社会主义乡村产业现代化发展道路，实现农业农村现代化。二是提升乡村村落质量。随着城市化发展的不断推进，乡村村落变迁成为顺应时代潮流的必然趋势。由于我国乡村在自然条件、发展水平、乡土文化、空间形态、产业结构等方面存在较大差异，乡村村落迁移过程中，地方政府应充分尊重乡村发展历史，尊重乡村居民意愿和乡村发展的内在逻辑与变迁规律，不能进行过多的行政干预，更不能"千村一面"地改造村落。因村施策、因地制宜、因势利导、因时而动，是创新乡村布局、提升乡村村落质量应把握的基本原则。三是建立村落自然历史文化遗产的保护机制。文化是底蕴，是资源，更是生产力，要加强传统历史文化村落保护，为乡村发展留下独特的文化资源和发展空间。应更加合理地利用乡村特色资源，尊重当地人民优秀传统文化习惯，因地制宜地规划村落发展，有序推进村庄整治，要在村落变迁改造中保护和传承优秀历史文脉，留住乡愁。

（二）践行协调发展理念

乡村振兴的协调发展理念主要从四个维度来实践。一是在战略规划上要坚持顶层设计，统筹兼顾；在具体实践中要鼓励乡村创新，因地制宜，从整体上考虑城市和乡村的协调发展关系，把城市和乡村看作城乡整系统的两个子系统，从促进城乡融合、缩小城乡差距方面整体推进城乡发展。二是加快城乡要素流动，补齐乡村经济社会发展的要素短板。在资金、知识、技术、信息、人才、管理等要素发展方面，城乡之间仍然存在着很大差距。要加大农村基础设施建设投入，合理配置城乡要素资源，增强城乡发展的整体性，创造城乡要素双向流动的新格局，让农民踏上"信息高速公路"。三是协调好政府与市场的关系，充分发挥市场在乡村发展中的决定性作用，更好地发挥政府的引导作用，尊重市场规律，激活乡村主体活力和要素资源活力，拓宽农民增收渠道，开启城乡融合发展和现代化建设新局面。四是加强乡村人才队伍建设。推动乡村人才振兴，要把人才战略放在首要位置，让愿意留在乡村、建设乡村的人安心参与乡村振兴工作，激励人才上山下乡，回报乡村，在乡村的广阔天地大施所能、大展才华、大显身手，在乡村形成人才、土地、资金、产业汇聚的良性循环。

（三）践行绿色发展理念

乡村振兴的绿色发展理念主要从三个维度来实践。一是牢固树立绿色发展理念，将人与自然和谐共生作为乡村振兴的根本。在保护自然生态环境的大前提下，坚持绿色生态发展导向，不只以经济利益为目的，不过度消耗乡村资源，探索出一条人与自然和谐共生、绿色可持续的乡村振兴发展之路，防止出现追求短期政绩和"面子工程"的资源浪费现象。二是着力打造绿色生态经济。人与自然、经济发展与生态环境之间是相互依存、相互促进的辩证关系。以高科技含量、低资源消耗、高经济效益、低环境污染的生产方式和产业结构升级带动绿色生态产业，尊重自然、顺应自然、保护自然，走节能环保、生态友好的科学发展道路，着力构建"人与自然优质共生"体系，培养"环境健康、生态良好、绿色低碳、集约智能"的发展环境，将"以人为本"融入乡村振兴发展的始终。三是积极倡导绿色生活。不断提高乡村居民的环保意识，倡导勤俭节约、绿色可持续的生活消费方式。以"绿色发展"为核心，以"低碳、环保、可持续发展"的理念为宗旨，以人居环境、基础设施和公共服务建设为重点，还乡村以"松月生夜凉，风泉满清听"的诗意栖居，整体推进宜居、宜业、宜游的乡村振兴发展总目标，使绿水青山真正转化为生态宜居的金山银山。

（四）践行开放发展理念

乡村振兴的开放发展理念主要从三个维度来实践。一是吸引乡村人才回流。人才是乡村经济发展的重要生产要素，人才的理性会促使人才选择流向报酬高、机会成本小的地方。应正视人力资本的逐利性以及人才选择的机会成本，提高投资回报，以提高农村的"造血"功能和留人效应。为此，政府要在顶层设计、制度安排、扶持政策等方面提高农村人力资本投资回报的软硬件环境建设，包括给予乡村人才创业以一定的优惠政策或财政金融政策，降低乡村企业的经营成本等，建立专门的创业基金，增加企业的贷款额度，打造良好的基础设施建设，吸引人才到乡村创业。二是拓宽村干部视野。人才是乡村发展的重要资源，政府应制定政策鼓励那些有宽阔视野、理性思维的大学生、返乡青年、退伍军人等青年人才深入基层，充分利用其自身知识优势，为乡村建设做出重要贡献。此外，还应通过多种形式的技能培训，激发村干部活力，拓展其成长空间，使他们能够解放思想，实事求是，立足当地资源条件寻找乡村发展契机。三是提升农民素质。农民是乡村建设的主体，我国农民受教育水平及知识素质普遍不高，提高农民文化素质，可以为乡村建设提供基本保障。通过更大范围的农民专业素养及技术技能培训，以多种形式搭建活动平台，培育符合乡村现代化建设需要的现代农民，是提高农民文化素质和致富能力的重要渠道。

（五）践行共享发展理念

乡村振兴的共享发展理念主要从四个维度来实践。一是要切实维护农民权益，让农民公平地享受发展成果，这是社会主义建设的本质要求。政府在制定乡村政策时，要从实际出发，尊重客观规律，尊重农民意愿，倾听农民诉求，维护农民权益，将发展成果公平地分配给每个农民。二是要将发展与共享统一，在发展生产力的同时，促进农民共同富裕。要巩固和完善乡村的基本经营制度，深化农村的土地制度改革，按照股份合作制的原则，推进农村集体产权制度改革，将股份量化到个人，让人民群众充分享受到发展带来的成果，为乡村振兴提供全方位的制度性供给。三是要提高农民组织化水平。在市场经济环境下，农民的生产决策存在严重的信息不对称问题，建立农民合作组织，可以协调小生产和大市场的矛盾，共同应对市场风险。这就需要构建综合配套、运转高效的农业社会化服务体系，转变农业发展方式，完善农村基本经营制度，帮助农民降成本、控风险。建立健全完善的农民上访上诉机制，让农民敢说话、说实话，消除地方专制主义，让国家的支农资源、利农政策不被截留、不被扭曲。四是促进公共服务均等化。公共服务均等化是践行共享发展理念的重要途径，也是乡村振兴发展的基础。建设社会主义现代化强国的突出短板在于城乡发展的不平衡，推进公共服务政策制定与实施的民主化、科学化，避免基本公共服务供给中的"泛市场化"问题，扩大公共财政覆盖面，践行共享发展理念，是让全体社会成员共享改革发展成果，实现乡村振兴发展"以人为本"理念的根本体现。

第六章　高职教育服务乡村振兴的精准助推体系

第一节　高职教育服务乡村振兴的精准招生研究

一、新时代高职教育助推乡村振兴战略的精准招生的内涵

（一）大类招生

大类招生就是高校按院系或学科大类招生，而不是按照具体专业招生，是高校根据我国教育教学的发展状况做出的教学改革，是一次涉及人才培养模式、课程体系和教学方法等各方面的深刻改革，也是高校进行内涵建设和人才培养的重要措施。一般招生政策遵循"厚基础、宽口径"的原则。厚基础，就是指加强人格素质和工作专业能力。所谓宽口径，是指根据人才培养的目标要求，以市场需求为导向，根据当地和产业经济结构变化，以支柱产业和高新技术产业发展为重点，突破单一学科设置模式，实行专业招生、小专业（专业化）教学，灵活设置专业方向。

（二）对口招生

对口招生是国家有目的、有系统地从职业中学毕业生中招收大学生，以满足职业中学毕业生升学的要求而采取的一项特殊措施；也是国家为大力发展高职教育，贯彻落实科学发展观，坚持就业导向，促进教育公平，突出以人为本，改革评价体系，完善高职教育体系而建立的考试制度；更是推进办学集团化，培养高技能人才，促进高职教育健康可持续发展，形成特色的高职教育体系。

（三）高职院校"单独招生"

为进一步完善中国特色高职教育体系和多元化的高等教育选拔录取机制，我国决定由高职院校组织命题、考试、评卷，划定最低录取控制分数线，确定录取名单，高考前直接报省教育考试院审批备案。这种招生形式被称为高职院校"单独招生"。参加单独招生考试的考生与参加高考的考生享受同等待遇。

二、新时代高职教育助推乡村振兴战略的精准招生的内容

（一）高职教育助推乡村振兴战略的精准招生的因素分析

1. 教育投资回报因素

对于乡村居民来说，是否接受高职教育是一种投资选择。乡村居民是非常现实的，他们的活动是相对理性的。投资回报率是影响经济行为和选择的最根本因素。作为一个理性的经济人，乡村居民在送子女接受教育之前，必须考虑投资回报率。当教育投资收益不足以补偿教育投资成本时，教育激励机制就会失去作用，最终影响居民家庭和个人的教育投资意愿。根据英国教育经济学家萨卡罗普洛斯的研究成果，教育投资回报率有一个共同规律：投资回报率呈倒"U"形曲线，即初等教育投资回报率先呈下降趋势，后呈上升趋势。我国的高等教育投资回报率较高，高职教育投资回报率较低，高等教育投资回报率上升，教育投资回报率偏高，中间偏低。考虑到现实情况，理性的个体在选择接受教育时，主要把个人价值的实现放在首位，但同时又不局限于个人利益，往往还会考虑到社会价值的实现。然而，从实际情况看，接受高等教育的农民子女可以实现"跃出农业之门"的目标，实现"学而为官"的目标，而高职教育属于技能培训。基本的听、说、读、写都可以通过基础教育获得，而传统的农业生产知识和经验可以在农业生产实践中探索，但是，接受这种教育并不能获得更多进入高等教育的机会。乡村高职教育作为一个教育阶段，在劳动效率、家庭收入、个人价值实现和社会理想等方面不会起到不可或缺的作用。乡村高

职教育投资回报率低是影响农村高职教育需求的主要因素，并导致乡村高职教育学生的困境。

2. 政府财政投入能力因素

我国的教育投入经费基本上由国家、社会和家庭（个人）三大主体承担。其中，由于社会投资办学的一般机制尚未形成，教育投资在我国社会中的比重最小，教育主要依靠国家和家庭（个人）的投资。为了降低乡村高职教育成本，提高乡村居民家庭高职教育的投资回报率，政府给予教育越来越多的支持。目前，部分省份明确提出鼓励社会资本投资，同时强化各级政府教育保障责任，加大教育投入，有序开展免费高职教育。然而，政府虽然加大了财政支持力度，但并没有从根本上解决高职教育投资回报率低的问题。农村居民送子女接受高职教育，还要承担更高的成本，包括显性成本和隐性成本：一方面，学生家庭要承担更高的生活成本、学习杂费等显性成本；另一方面，学生的隐性成本也不容忽视，主要包括接受高职教育失去就业机会的机会成本等。政府对免学费的财政支持仍然有限，高职教育仍然摆脱不了低回报和低投资回报率的"双重困境"，高职教育学生的困境也无法从根本上得到解决。此外，公共财政教育经费对高职教育的投入有限，这也体现在政府教育经费的分配比例上，高职教育经费比重明显偏低，且逐年下降。

3. 乡村市场对高职人才的需求因素

传统农业生产对农村劳动力素质需求不高。乡村劳动力大多可以通过父母在农业生产实践中的"帮扶、传承、采取"方式，将简单的农业生产技能传授给子女，因此不需要专门的农业技术教育。同时，传统农业生产是一种粗放型的农业生产方式，主要局限于简单的农业生产环节，对农产品的储存、加工、运输、包装和销售要求不太高，不需要复杂的技术。与传统农业生产不同，农业产业化是现代农业发展的重要趋势，是以优势为基础、面向市场、依靠科技进步的大规模经营模式。农业产业化以龙头企业为指导，强调农业产业的专业化管理，强调三农结合，强调"产、供、销"协调，强调现代企业管理对整个产业链的管理。这种以现代企业为载体、以现代技术为支撑、以现代管理为保障的农业产业化生产模式，在人才需求特征上发生了巨大变化：不仅生产环节需要大量的专业技术人才，而且在加工、仓储、包装、销售等方面也需要大量的实用技术人才。农村高职教育对人才培养的数量、类型、规格提出了更高的质量要求和数量要求。但是，从部分省份的农业发展现状来看，近年来农业机械化程度虽然有了明显提高。在一些地区，特别是边远山区，农业生产几乎停留在原始的、传统的状态，降低了乡村劳动力对就业、创业空间、现代农业技术和管理经验的需求，从而限制了农村高职教育的需求，影响了农村高职教育的发展。

4. 乡村居民投资能力和意愿因素

教育投资主要依靠家庭收入，这也影响乡村居民家庭高职教育投资能力。近年来，在党和政府一系列优惠政策的实施下，乡村居民家庭收入有了很大提高，城乡居民收入差距不断缩小。

另外，受到国家从紧的货币政策和房地产调控政策的影响，我国大量沿海企业破产倒闭，这使得大量缺乏技能的农民工失业，家庭经济收入减少，甚至无法为子女继续提供教育支持。同时，大量乡村职业学生就业困难，在一定程度上影响了部分乡村居民送子女接受高职教育的意愿，影响了乡村居民家庭投资农村高职教育的积极性。此外，乡村社会的共同文化传统，如"学以致用，然后负责"等，都非常重视文化和科学，但忽视了技能，使社会不重视甚至轻视高职教育，特别是农村高职教育。记者采访部分农民发现，约50%的家长不愿意送子女上高职教育，有的乡村居民一听到"农村高职教育"就摇头，这说明他们对高职教育，特别是农村高职教育有强烈的排斥感。由此可见，乡村居民的家庭因素，包括家庭收入因素和传统观念，是形成农村高职教育学生困境、影响农村高职教育发展的重要因素。

（二）高职教育助推乡村振兴战略的精准招生的应然选择

1. 转变观念，消除对高职教育的偏见

地方政府要重视发展农村高职教育，提高高等职业学校升学比例，把高职教育作为一个环节，综合考虑到高职教育、本科教育、专业硕士教育，建立有效的招生衔接机制。作为政策制定者，政府应引导社会和个人转变不重视高职教育的观念，将农村高职教育纳入经济统筹，呼吁社会各界支持高职教育，为农村高职教育的发展营造良好的社会氛围。重点召开高职教育工作会议，出台明确规定和文件，加强高职教育特别是农村高职教育建设。把发展农村高职教育与农业产业化、现代化建设、新农村建设、地方产业结构升级改造联系起来，充分认识到农村高职教育是农村教育与经济的最佳结合点。

2. 建立高职教育与就业市场的有效衔接机制

农村高等职业学校首先要结合本地区经济发展情况设置专业，增设产业发展急需、就业前景好的专业，以市场需求为职业学校的追求，以人才和市场为导向。其次围绕地方经济建设和社会发展战略，以当地自然资源优势为立足点，深入融入产业链特色专业群，与现代农业、现代制造业、现代服务业、战略性新兴产业相衔接建设一批特色专业，把学生就业问题与当地经济建设和发展结合起来。

3. 建立对高职教育多元投入体系

高职教育也是一种准公共产品，社会和国家是高职教育的主要受益者。政府应担任高职教育的投资主体，社会、企业和个人应共同参与。政府加强农村高职教育免费政策的实施，对低收入农民家庭学生免收高职教育学费；对成绩突出的特殊困难学生给予生活补助；对初中毕业未入学的学生，落实农村高职教育义务，将高等职业义务教育全部纳入高职教育范围，不得中途失学。政府可以将企业承担的职业学校实习经费视为企业的自然损失，对其免税，鼓励企业举办高职教育；鼓励知名企业、社会团体，通过政府或社会中介机构支持农村高职教育的发展；拓宽农村高职教育经费筹措渠道。同时，国家还应实施减免教育费附加等优惠政策，调动大中型企业和团体接受高职教育的积极性，或采取与职业学校联合办学的形式。

第二节　高职教育服务乡村振兴的精准资助研究

一、新时代高职教育助推乡村振兴战略的精准资助的内涵

（一）精准资助体系的内涵分析

资助体系不是一个简单的系统工程，而是各种形式的帮扶集合。针对我国高校在校生，根据当前的具体情况，实行以下几种形式的资助。"奖"——对家庭贫困且学习素质高的学生发放奖学金；"助"——对家庭贫困的学生发放助学金；"勤"——为学生提供一些勤工俭学的岗位，增强其自身独立性；"减"——调查了解学生家庭的贫困原因，根据具体情况对该学生的学习等方面费用进行减免；"贷"——学生可以向有关部门、机构等贷款来完成学业，并在毕业之后通过自己的劳动还清贷款，贷款机构可以对学生进行减免利息来提供帮助。

根据上述财政援助方式，可以看出，我国的财政援助方式大致可以分为两种：有偿、无偿。有偿是指学生完成相应学业后，按照有关规定支付给贷款机构一定数额的贷款利息。而无偿并不具有前者的特征，它是由国家或机构免费资助的。另外，有些国家将资助方式分为直接资助和间接资助。直接的资助方式是把费用交给资助者——学生，如奖学金、助学金、勤工俭学、费用减免和贷款；间接资助则是指通过一定的途径让所有的大学生得到经济上的帮助。比如，政府或企业为高校建设基础设施是间接资助的明显方式之一。但是，由于间接资助的内容（如税源、转移过程等）并不简单，而且大部分高校在教育预算中，不存在资助这一资金的预算。因此，很难明确其研究方向。

（二）精准资助体系的构建目标

第一，进一步完善公平、多元、规范、高效的国家高职教育经费政策，

对于国家的发展具有重要作用。社会公平是社会主义和谐社会的重要特征，教育公平反映了社会公平。平等享有受教育的权利和机会，解决弱势群体的就学和就业问题，是人民群众非常在意的问题。党和政府重视教育优先发展，把努力促进教育公平作为基础教育的政策取向。体现教育公平最重要的是关注困难群体，解决他们上不起学的问题。农村义务教育的实施，使每个乡村儿童都能完成九年义务教育。随着高职教育规模的不断扩大，90%以上的高职学校学生来自农村、边远地区和城市经济困难家庭。由于这一类家庭收入普遍较低，支付教育费用的能力相对较弱。接受高职教育的人群特点决定了高职教育不仅是一个教育问题，更是一个重要的民生问题。

第二，高职教育补助政策是一项重大的民生工程。为实现教育公平，确保更多学生能够接受高职教育，并顺利完成学业，我国逐步建立健全高职教育经费政策体系，并实施高职教育免学费政策。随着我国国力日益强大，国家在教育方面进行了巨大的投入，教育补助经费几乎是面面俱到，就是希望每个适龄学子都能够步入学堂。

第三，各种筹资方式为每个人的生活提供了基本保障。高职教育经费以国家助学为主，渠道多种多样。高职教育资助体系具有以下特点：公共财政为主体，中央和地方政府共同担当，社会各界积极参与，多种筹资方式同时发展。一是国家财政是资金的主要渠道。二是地方财政也要作为资助渠道。根据财力和生源情况，东部、中部和西部地区有不同的比例分布。三是采取工学结合，让学生带薪实习作为对学生的补助，充分体现了高职教育"校企合作"的开放性和实践性特点。四是落实学校奖学金办法。根据规定，学校应为学生提供不少于5%的商业费用作为奖学金或学费减免。五是鼓励地方政府、工业企业和社会组织设立职业助学金和奖学金。六是金融机构向高职学生提供贷款。七是在职业学校实行减收学费制度。总之，从国家助学金到带薪实习、减免学费、补贴、奖励、贷款等方式，高职教育助学体系初步建立。

第四，区域合作为每个人的生活提供了更多的机会。为促进区域和城乡协调发展，我国通过政策优惠、投资支持、对口支援等多种方式，加大了对农村、民族地区和边远地区高职教育的支持力度。一方面，在资金和项目上向西部进行转移；另一方面，加强东部与西部地区办学合作。这些政策和合作不仅将促进教育公平，而且将为每个人的人生发展创造更多的机遇。今后还将加大支持力度，完善相关的政策。

（三）精准资助体系的构建原理

第一，物质决定意识，资助体系构建需要充足的资金保证。物质决定意识，意识是物质的反映。资金体系的建设需要物质基础作为保障，没有经济基础作为保障，资金体系的建设就无法进行；没有金钱和物质，就无法资助有需要的大学生。经济基础决定上层建筑，资金体系建设的主要环节之一是资金来源。国家财政拨付的专项资金、学校设立的勤工俭学岗位和奖学金、社会捐赠、学校财政收入等，都是经费体系的重要组成部分。在我国，大学生资助制度经历了一系列的发展和改进：从最早的"人民助学"制度，到奖学金制度与助学制度并存的新型大学生资助模式，再到初步建立以勤工俭学、奖学金为基础的多元化大学生助学贷款、特殊困难补助和学费减免等新的资助制度，学生资助制度发挥了重要作用，具有不可替代的历史意义。

第二，事物是变化发展的，要与时俱进完善资助体系的构建。与时俱进，突出了思想路线的创新。认识的最终目的和最高价值是发现和掌握真理。与时俱进的中心思想是在实事求是的基础上，从发展的角度看问题。真理不是一成不变的，它之所以叫真理，是因为它符合时代的要求。如果真理跟不上事物的发展变化，就会阻碍社会的发展，不再是真理。经费体系建设也与高等教育的发展息息相关。人们对资助体系建设的研究需要科学理论的指导。这一理论必须与时俱进，是真理的延伸。在真理的指引下，高等教育得以更好地发展。

二、新时代高职教育助推乡村振兴战略的精准资助的内容

随着知识经济时代的到来，世界经济的增长主要依靠知识的生产和应

用。经济增长方式由以资源和劳动为基础的粗放型增长转变为以知识和技术为基础的集约型增长，劳动者由体力劳动转变为智力劳动。随着经济的发展，人的重要性日益凸显，这与马克思以人为本的观念是一致的。

（一）教育投入对劳动力价值提升的作用

从事一定的生产工作时，劳动者必须具备相应的劳动能力。当缺乏所需的劳动能力时，可以通过教育和培训来提高相应的工作能力，即"教育会增加工作劳动能力"。劳动力主要是指人的劳动能力。人的能力增长需要经过后天的努力和培养。随着经济和科学技术的发展，人类劳动能力的提高主要是指人类科学知识和生产技术的提高。劳动力有其特殊性。它除创造自身的价值外，还将创造新的价值。马克思指出，劳动能力是生产性的，因为它的价值和创造的价值是不同的。劳动力具有独一无二的特性。首先，对劳动者进行教育和培训能够提高劳动者的知识和技能，让劳动者在实际操作中将知识与技能转化到劳动生产中，不断满足市场对劳动力的多变的需求。其次，教育投入是发展教育的基础，所以马克思提出，比社会平均劳动较高级较复杂的劳动，是这样一种劳动力的表现，这种劳动力比普通劳动力需要较高的教育费用，它的生产要花费较多的劳动时间，因此它具有更高的价值。对教育的投入能够提高劳动者的价值，劳动者通过不断的学习，将学到的知识转化为实际操作能力，从而提高劳动者的劳动能力。

（二）劳动力价值提升对居民收入增加的作用

知识经济是现代发展阶段之一，教育与研究开发是知识经济的主要活动内容。随着现代经济的发展，经济增长方式由粗放型向集约型转化，知识经济从根本上转变为经济增长方式，劳动者由一般型劳动力转化为专业型劳动力，提高劳动者在求职时的竞争力以及劳动者的创新意识，有利于经济的发展。知识经济的兴起，使人们意识到劳动价值的重要性。马克思指出劳动者工资存在差异的原因：劳动者的工资与他的劳动复杂程度有关，劳动越复杂、越专业，工资越高。在劳动力市场上，工资与劳动力和资本进行等价交换，用人单位花费一部分资金购买劳动力，来创造更高的效益。所以，较高级别的劳动者所产生的劳动价值越高，劳动报酬就越高。

马克思认为，就业是劳动者获得劳动报酬的方式，即劳动者产生的劳动价值进入生产领域，劳动价值由工资来体现。随着现代经济的发展，市场对简单劳动的需求日益减少，简单劳动从业者的工作较为简单，竞争压力大、工资低、发展前景不大。复杂劳动适应现代市场的需求，劳动力的需求大，从业者更容易找到工作。

作为社会主义国家，我国在社会主义市场经济条件下，劳动者的报酬一般按多劳多得的原则分配。劳动者的工资存在高低差异最主要的原因是劳动者的劳动能力水平的高低。劳动者受教育的程度越高，对教育投资越高，在就业后获得的劳动报酬就越高；缩小劳动报酬的差距主要是提高劳动者的平均收入，需要提高劳动者的智力水平、劳动能力。

（三）教育投入对城乡收入差距缩减的作用

人的劳动能力是通过教育与社会实践获得的，教育能够将简单劳动转化为复杂劳动，改变劳动性质，提高劳动价值。实际上，高级的劳动需要更多的教育投入，其所产生的劳动价值高，产生的劳动报酬要远远高于教育投资，所以教育投入会增加个人收入。从教育投入与城乡收入差距的关系来说，教育投入不均衡会导致城乡收入不平衡，会拉大城乡收入差距。投入的教育资金越多，个人的劳动价值越大，获得的劳动报酬越多，所以劳动教育投入的规模会影响个体的收入水平，从而影响城乡收入差距。在教育投入总量有限的情况下，城乡教育的投入会影响城乡学校建设、师资团队质量等，教育经费分配不均会导致城乡教育水平的不均，导致劳动水平存在差距，进一步拉大城乡差距。

1. 影响城乡居民劳动力价值水平

就个体而言，接受教育的过程就是增加自身知识与专业技能、提高劳动水平的过程。城乡经济发展影响政府与家庭对教育的投入，导致城市之间的教育差距拉大，教育资源在城乡之间分配不均衡，导致农村孩子的劳动水平较低。

2. 阻碍劳动力在城乡之间的流动

劳动力流动有利于缩小城乡收入差距，但是教育投入分配不均匀会减少城乡劳动力流动。自1978年以来，中国经济发展主要是农村劳动力向城市转移的结果，随着经济的发展，"人口红利"已经不适应现代市场的需要，现在更加重视劳动者的质量。高度发展的技术密集型、资本密集型企业，对高质量的劳动力需求越来越多，所以高级知识分子更容易找到工作，获得高收入；较低劳动力水平的人，只能从事简单的工作，劳动报酬是复杂劳动者的一半左右。城乡的教育投入分配不均，会导致农村的劳动力无法满足大城市需要，从而影响人口流动，拉大城乡居民收入差距。

第三节　高职教育服务乡村振兴的精准教学研究

一、新时代高职教育助推乡村振兴战略的精准教学的内涵

（一）教学体系的定义及要素分析

教学是一个由教师、学生、课程等要素组成的活动过程。教学体系涉及教育思想、教师队伍、教学内容、课程体系、教学方法、教学管理等方面，是由多个要素构成的统一整体。教学系统是由教学活动相互影响、相互制约的各个要素构成的整体。教师根据一定的教学理念和教学环境，通过教学对学生施加相应的影响。具体来说，教学系统主要包括八个要素：教学理念、教育者、学习者、课程设置、教学组织形式、教学方法、教学环境、教学评价。也可以用拉斯韦尔的"五个W"来概括。教学过程至少涉及以下几个因素：谁（教师）、说什么（教学内容）、用什么（教学条件、教学组织形式、教学方法）、对谁说（教学对象）、产生什么效果（教学评价）。教学系统是由上述要素构成的，是实现特定教学目标的有机整体，具有一定的结构性、互动性和整体功能。

（二）教学体系的系统性特点分析

1. 教学体系是一个人造系统

首先，教学系统是客观存在的。它是由多个具体的元素组成的，而且在不同方面发挥着不同的功能。其次，教学体系是可以改变的。其一，元素的可改变性。这种变化可以分为两种：一是元素的数量和性质不变，调整元素的比例和结构；二是保证元素比例构型不变，改变其类型和质量。其二，教学过程和教学管理过程都是可控过程，这是教育科学自身的特征决定的。教学体系内各要素间的关系并不是互不相干的平行关系，而是建立在教学规律和管理科学原则基础上的相互制约的层次从属关系。其三，教学体系通过"构"的过程，通过人为的努力，理顺教学体系各要素之间的关系，使体系向预期的方向发展，也就是通过对体系要素和结构的改变，使体系发挥不同的功能。

2. 教学体系是一个"灰色系统"

灰色系统（Grey System）的概念是1982年邓聚龙教授提出来的。所谓灰色系统，是指信息不完全的系统。不完全信息可以归纳为四种：一是元素（参数）信息不完全，如对思想素质的评估，就不能仅仅以党员、团员人数作为唯一的标准；二是结构信息不完全，如对工作成绩的评估，少数单位的可量化，多数单位的不可量化；三是"内""外"关系信息不完全，如对理论研究成果的评估，知道成果数目，但其政治、经济、军事、文化、社会等综合效益如何衡量就很难确定；四是运行的行为信息不完全，如对同一评估要素，不同单位可能会从不同的角度理解，进而得出不同的结论。尽管教学体系是一个灰色系统，但人们对教学体系并非不能作为，毕竟有些要素是已知的，有些要素是可控的。以高职教育的培养目标为例，通过对高职岗位的分析，确定其知识、素质、能力需求，在此基础上调整课程内容结构，促进培养的人才与岗位相衔接。这样，教学过程就由"黑"变"灰"。又如，把"常模参照"改变为"标准参照"，通过对工作任务的完成与否来测定教师岗位能力的高低，从而实现教学体系局部由"灰"到"白"的转变。

3. 教学体系是一个多样性系统

一是时间的多样性。随着社会的不断进步，信息技术的发展成为社会发展的基础并引起教学方法、手段的巨大变革。现代化教学手段解决了扩大教学对象、提高教学效率的问题，同时还能培养学生的个性。个性化软件的开发，为人与机器对话的个性化学习提供了物质基础，也代表着网上交互式教学方式的创立。信息技术从根本上改变了学生的学习方式及教师的工作方式，使学习时间变得不再固定。

二是空间的多样性。从历史角度看，教学组织形式从原始的个别教学到班级授课制再到现代的个别教学，这是教学组织形式发展的主线。教学组织形式从历史的角度看是一个不断发展的过程，由个别教学到集体班级授课再到现代的个别教学。现代化的个别教学是依靠现代教育技术和视听手段，在时间、空间上为外界不断传递信息的教育。而传统的教学方法，在班级授课制下过分强调统一与集体，因而忽视了学生的个别差异，学生在天赋、智力、个人能力等方面存在诸多的不同，是千差万别的。高职教育更应该从学生实际情况出发，因材施教，采用个别化的教学方法，同时也对教学空间的多样化提出了较高的要求。

三是师生交流的多样性。高职教学以学生自主学习与发展为主，突破师生交流的单向性，实现师生互动的多样性。教师不仅仅是传授知识的"经师"，更是育人的"人师"，是学生尊敬的长者、合作的好伙伴、交心的挚友，应为学生创造和谐民主的舒适学习气氛，在此教学氛围中，学生与老师进行多边互动。多边互动也不仅仅出现于教室、讲台等传统教学场所，网络平台也是一个不错的选择，它能使师生交流在时空上得到空前的扩展。

（三）教学体系的构建原则分析

1. 整体性原则

教学体系整体性原则要求人们从系统观的角度出发，分析各要素是如何构成教学系统的，并厘清各要素之间的关系。在整体把握这些要素关系的基础上，构建出最佳的教学结构并使其功能实现最佳发挥。

2. 相关性原则

所谓系统的整体功能，不是简单地将各要素加起来，而是在厘清各要素及其之间的关系之后有结构地将其联系起来。如果将教育作为存在于社会系统中的一个子系统，就能把握教育系统整体的、有机的、发展的特性，就能发现教育的本质。不仅要将教学活动作为一个系统来研究，而且要把教学体系与其外部的环境联系起来，即用联系的观点看待教学体系，这就是教学体系的相关性。

3. 发展性原则

高职教育与基础教育不同，随着社会和技术的快速发展，职业岗位在不断地变化，其教育的内容也需相应地变化，因此，高职教育必须跟随行业的脚步，及时掌握行业信息，调整与区域经济或社会发展不相适应的专业结构、课程方案和教学方法，使整个课程体系呈现出动态发展的态势。而行动导向教学体系是根据目前我国高职教育发展要求而做出的一种选择，随着形势的发展，教学体系也和其他系统一样，具有发展性的特点。

二、新时代高职教育助推乡村振兴战略的精准教学的内容

精准教学方案是为了提高教学的质量，激发学生对于学习的兴趣，根据学生的特征与学习的行为采取的具有针对性的教学方式。通过了解学生在课堂上的行为方式与课程中得到的基本信息、学习数据，采取针对性的教学方法，提高教学质量，让学生在课程教授中既能够学习到知识也能够收获到快乐。由此可见，对于学生的针对性精准教学，主要是根据学生的特征与行为来制定的。所以，在教学方案中要根据学生特征与行为采取有针对性的精准教学方法。

精准教学方案能够提高学生学习的积极性，激发学生学习的动力，从而使学生的学习效果提高，其主要依据是学生的特征与行为的表示。学生的特征及行为表示是制订个性化和针对性教学方案的前提，教学过程中产生的学生的有关数据和大数据的分析，能够为教学方案提供有效的支持。

综上所述，教学并不是一种具体的方法，而是对学生个性化追求的一种决策函数，根据学生的个性特征和行为制订针对性的方案，突出了新型精确教学方案的独特性与针对性。

在教学过程中，学生的行为特征与行为方式在不同的阶段会有不同的表现。表现一，前期学习优秀，后期对考试成绩骄傲自满产生懈怠，自以为成绩优秀、知识储备丰富、技能水平高，对后期的学习表现出一种懒散的状态。表现二，前期成绩一般，后期对学习薄弱区域加强学习，在学习上表现出一种积极向上的状态。精准教学方案对于不同的情况应该做出相应的调整，使不同的学生在学习过程中互相学习、互相影响、共同发展。在教学过程中不应急于求成，因为学习并非一朝一夕之事，需要经过一定的时间积累才会产生后期的影响。在后期的影响过程中，应该对教学的多个阶段进行相应的调整，而并非一成不变。在现代大数据时代，对于精准教学的研究应该是全面发展的。对于长期的精准教学方案，应该多考虑动态精准教学，对于精准教学方案的问题要及时调整、及时跟进信息变化。

第四节　高职教育服务乡村振兴的精准就业研究

一、新时代高职教育助推乡村振兴战略的精准就业的内涵

（一）精准就业体系的构建原则

1. 针对性原则

从一个角度看，乡村就业者属于弱势群体，在求职过程中往往会遇到许多阻碍，处于劣势地位。其中一个原因便是条件的欠缺，这导致乡村工作者工作技能以及就业经验不足，从而使乡村工作者被就业市场淘汰，因而无奈返乡创业，因此，他们最需要就业帮助。从另一个角度来看，乡村就业者的创业问题也是一大难题。许多在外长期工作的富有经验和资金的乡村就业者，会更加渴望得到政府的政策帮助，然而由于现在政策并不

完善，真正实现成功创业的案例并不多。其中最大的阻碍便是创业前期融资难。政府构建出台的政策应满足就业者的需要，体现其切身利益。一方面，政府应为就业者出台便于创业的政策文件，因地制宜地设置就业服务内容，比如，针对性地开展培训、及时发布就业信息等一系列便于就业的措施，帮助就业者提高对就业的了解，减少盲目就业，不断解决就业难题，畅通就业渠道；另一方面，政府应扩大再就业服务体系，将返乡创业服务纳入其中，整合创业资源，为创业者提供专业服务，为乡村就业者再就业提供充足的服务。

2. 多层次性原则

客观来说，就业服务体系是一种多位一体的供给系统，它由主体、内容、方法等多重因素构成。其中，就业服务体系由以下主体构成：主导者——各级政府人力资源管理部门或者人才服务机构；辅助者——专业人才流动服务机构；补充者——民办人才组织，以及广泛参与的全国各大中小型企业。这些机构不仅需要构成多层次的服务主体，从而整合各类资源为就业者提供服务，并且在内容上，就业服务体系需涵盖各式各样的服务项目，来满足乡村就业者的各种就业需求，从而提高就业服务的效率。

3. 实效性原则

帮助乡村就业者再就业，并提高返乡创业的积极性和自觉性，关键在于服务体系的落实与完善。因为即使乡村就业者再就业服务体系足够完善、足够有针对性，但如果在实施阶段出现问题，就等于前功尽弃。而对于就业者再就业服务体系的推进与落实，其一，需要政府发挥引导作用，统筹协调各类资源，兼顾各地的优劣，将资源整合；其二，需要鼓励各地的企业事业单位、社区服务中心和劳务机构等主体积极参与，共同落实体系。

（二）精准就业体系的构建目标

各地区结合当地发展情况，从多个角度出发，包括以人为本、遵循科学发展观、统筹兼顾，以及方便量化考核等方面，按照原劳动和社会保障部专项课题研究内容，制订出如下目标：严格执行"就业优先"战略，颁布更高效的就业政策，扩大就业规模，完善就业结构，在提升劳动者素质的同时保障就业权利，从而控制住就业局势，降低失业风险。截至2022年，部分省区市的就业率明显提升，大部分城市劳动者就业机会提高，教育培训机会增多。未来，社会整体就业环境、就业保障、就业质量、就业结构和社会就业总量整体达到一个良好的水平。

1. 人力资源能够得到充分发挥和运用

大部分有效劳动资源与就业岗位基本保持均衡，换句话说，就是多数劳动者已经解决就业问题。劳动者自身素质提升，推动城乡服务业水平提高。劳动者职业技能培训机制越发健全，当前大部分进入劳动市场的劳动者基本已经接受过专业的职业资格培训，约有80%的劳动者已经考取职业技能资格证书。

2. 市场就业体制比较完善

社会为劳动者创造了良好的创业和择业环境，保证就业渠道通畅。与劳动者权益相关的法律基本完善，如《中华人民共和国劳动法》《中华人民共和国社会保险法》《中华人民共和国就业促进法》等，其中最主要的核心法律是《中华人民共和国劳动法》。法律体系的完善为劳动者权益提供了充分保障，同时，用人单位、政府和社会中介组织也有明确的用人标准；城乡就业之间的差异在开放化的人力资源市场机制下逐渐弱化，劳动力配置将以劳动力价格为基础进行合理分配；我国劳动力法律体系逐渐完善，在法律的保障下，劳动力即将实现自由流通；劳动力拥有创业自由，能够自主择业，整体环境良好；公共就业培训服务在政府财政支持下基本满足劳动者的就业需求。

3. 失业率调控在社会可承受范围之内

劳动者享有平等就业权利，拥有就业意愿和就业能力的劳动者基本都能获得就业，社会平均失业周期与失业率相对稳定且保持在可控范围内。数据显示，截至2022年城镇登记失业率基本保持在4%上下；少部分地区可有效控制失业率，普遍低于4%；社会平均失业周期处在合理且能接受范围内，基本为6个月。即使是失业人员也有失业保险作为后备支撑，并且在就业服务组织的帮助下可尽快进入就业准备状态，若失业时间较长，已经超过6个月，那么失业人员也能够得到专项帮助。我国就业援助基本形成常态化形势，大部分就业困难群体可保障就业问题得到解决。

4. 就业权益得到有效维护

劳动者权利得到有效保护，包括休假、薪酬和劳动条件等，劳动关系和谐度上涨；建立相对完善的工资增长机制，提高劳动者收入，使最低劳动收入群体的收入基本能够满足家庭生活需求；劳动者的就业安全性提升，基本都能够得到社会保障；建立劳动关系协调机制，有效解决各种劳动争议。

二、新时代高职教育助推乡村振兴战略的精准就业的内容

（一）基础型就业服务体系

从广义上来说，促进劳动者求职就业和用人单位招聘是就业服务机构工作之根本，其工作内容主要是通过向劳动者提供各方面的就业帮助与指导，在劳动者与用人单位之间搭建起有效的桥梁，增加劳动者求职成功的概率。基础型就业服务体系正是基于实现就业者再就业这个基本目标而定义的，具体内容如下：

1. 就业信息服务

如何在竞争激烈的劳动力就业市场中获得就业机会，就业信息是关键。在信息经济时代，谁能够又好又快又多地拥有信息并将其合理开发运用，谁就能占领市场的高地。而就业服务机构无论是在拥有信息的数量上还是信息开发运用上都有其绝对的优势，这是毋庸置疑的。而且，实地调研的数据结果显示，就业者仍旧是依靠传统的关系资本"亲缘"与"地缘"方式来取得就业信息。就业者急需有关就业信息直接的或辅助性的相关服务。

构建综合性信息就业服务平台。调研发现，一方面，就业者不知去哪里和如何寻求就业服务；另一方面，现有的就业服务很少有人问津。信息服务是推动市场经济更加完善的关键步骤，而创建综合性信息服务平台则是落实信息服务的关键步骤。综合性的信息服务平台应当提供与劳动力就业相关的法律法规的咨询服务，为就业者提供全面的法律援助服务；应当主动担负起

及时宣传与就业者利益相关的政策的义务，为就业者的就业方向提供参考；应当提供宏观就业形势预判信息服务，指导就业者正确规划职业生涯。

用工岗位需求与求职专业性就业信息服务。综合性的信息服务对促进就业者成功再就业起到辅助作用，而真正能够直接促进就业者顺利再就业的是用工岗位需求与求职专业性的就业信息服务。一般而言，由于就业者能力素质有限，对一些虚假的或重复的就业信息难以判断，这就需要有专业性的信息平台供就业者使用，以减少不必要的时间成本，促成再就业的顺利实现。一则，可以建立权威的专业性的网络信息平台，以整合全国各地区各乡镇的用工岗位需求信息资源，包括各地岗位类别信息、岗位薪酬信息、岗位需求数量以及各类招聘会预告信息等。当然，获取网络信息最重要的是使用者要具备基本的计算机运用技巧。面对服务对象——就业者，要向其推广关于计算机基础应用知识的培训。二则，可以利用传统媒介，如报纸杂志、电视节目等，适时为就业者提供信息服务，满足一些不会或无法从网络渠道获取信息的就业者的需求，包括定时定期举办就业招聘会，定时定点发放招聘信息材料等。总而言之，要充分结合就业者的特点，实现就业信息覆盖至每位就业者。

2. 职业介绍服务

职业介绍服务主要作用是帮助就业者实现再就业，在基础型就业服务体系中占据重要地位，能够直接对接各地岗位与就业者。当前网络技术逐渐普及，信息量暴增，越来越多的求职者倾向于网络自助求职，这已经成为当前重要的求职方式之一。但并非所有的就业者都能适应这种时代变化，有些求职者因不适应而沦为就业困难群体。为扩大就业服务群体，在就业服务机构中实行保留登记式职业介绍形式。首先，提供职业介绍服务能够在促进就业者再就业的同时控制求职成本；其次，就业服务机构应扩大就业服务内容，包括岗位行业信息、岗位信息介绍以及岗位职业发展等，使求职者更加了解当前岗位基本信息，提高岗位认知水平，更好地融入新岗位中，提高新工作的稳定性。综上，职业介绍服务越健全完善，越有助于缓解就业者回乡就业问题。大部分就业者整体知识水平不高，不具备足够的就业技能，缺乏就业竞争力，通过职业服务介绍为就业者提供再就业渠道，缓解这类人群就业和再就业难题。

3. 就业培训服务

开展教育与培训能够显著提高就业者的就业能力，提高再就业概率，助力其实现就业目标。就业教育与培训根据就业者自身情况，主要从两个方面展开就业培训：一是自我保护意识培训，二是就业技能培训。

自我保护意识培训。它针对就业者思想方面展开培训，帮助就业者树立法律保护意识，学会使用法律手段保障自身权益，大部分就业者正是因为自我保护意识不足导致就业权益被侵害和忽略，例如，常见的劳动合同问题、无偿加班问题等。在相关法律中对用人单位的用人行为进行明确规范，如《中华人民共和国劳动法》《中华人民共和国劳动合同法》等。按照《中华人民共和国劳动合同法》的要求提出，用人单位一旦正式聘用劳动者就必须在一个月内与劳动者签订合同，否则就要向劳动者支付双倍报酬。同样关于劳动时间，《中华人民共和国劳动法》也做出相应要求，法律规定了用人单位的工作时间，若超过该时间限制，那么用人单位需要根据规定的加班标准为劳动者支付相应的薪酬。但现实情况中大部分就业者并没有享受到法律规定的待遇。一方面，是用人单位问题，部分用人单位为节省成本，获得更多经济利润，故意压榨劳动者，减少用人成本；另一方面，劳动者自身也存在一定问题，劳动者缺少权益保护常识，由于处在弱势地位，无法保障自身权益。因此，有必要借助法律手段保障就业者权益，通过法律知识培训和教育增强其法律意识。

就业技能培训。随着经济领域变革与产业结构优化，当前市场对劳动力的要求越来越高，劳动者需要具备一定的职业技能才能符合市场需求。因此，部分不具备职业技能的劳动者面临失业危机，或者是根本无法再就业。而就业服务机构的功能就是为劳动者提供技能培训，提高劳动者的职业技能水平，从而使劳动者获得就业和再就业的机会。另外，就业服务机构可以帮助劳动者学习使用计算机，掌握基本的计算机使用常识，掌握计算机技能对于就业者而言有益无害，在当前网络时代下，对计算机常识一无所知的就业者必然处于就业竞争弱势地位。换句话说，用人单位在聘用劳动者时也需要对劳动者进行培训，这也是用人单位应尽的义务。对此，政府部门可对这类用人单位提供优惠政策，或者是提供一些资源补助，鼓励其他用人单位承担培训义务，提高劳动者就业技能。

（二）创新型就业服务体系

1. 信息咨询服务

就业者回乡创业的关键在于迅速掌握和合理分析市场信息，这一点将直接决定创业的成功概率。但实际调查发现，大部分就业者仅依靠传统媒介获取市场信息，如报纸杂志、财经类电视节目，信息渠道单一。仅有少部分就业者通过网络渠道获取创业信息，当前网络渠道尚未成为信息获取的主流方式，就业者难以获得全面且及时的创业信息。这种情况下，就业者掌握信息量不足，对创业认识和判断极易出现错误，更重要的是会挫伤创业者的创业热情。因此，有必要为就业者的创业活动提供全面有效的信息服务，这种信息服务主要包括两种类型：创业咨询服务与创业信息服务。

首先是创业咨询服务，第一，按照就业者创业项目情况选择对应级别的咨询服务，一般是根据创业项目规模大小来决定，如村级创业项目咨询服务、乡级创业项目咨询服务、县级创业项目咨询服务等。第二，打造一支专业化的就业者创业服务团队，就业服务机构开展各种培训，提供就业创业服务人才，根据不同级别项目组建创业扶持小组。第三，开办创业服务窗口、设置创业信息专栏，确保就业者到就业服务机构能够得到想要的信息。第四，打造动态化的创业服务机制，及时收集和更新当前市场信息，了解最新市场动态，为就业者提供实时性、有效性、真实性的就业信息，并且保证创业服务体系能够实现县、乡、村多层次覆盖。其次是创业信息服务，其关键在于建设创业信息服务的网络平台，保证创业项目前、中、后期全程都能获得有效服务。

2. 金融服务

就业者创业过程中最为薄弱的一环是资金链环节。

一是贷款难。首先，以就业者为核心的信贷产品的数量和类型极少，而且金融机构要求就业者必须拥有一定担保或抵押物才能贷款；其次，就业者本身拥有的抵押资产极少，明显不符合高贷款需求；最后，由于部分农村地区信贷资质较差，常出现逃债行为，影响就业者贷款。

二是融资贵。金融机构承办贷款业务本身需要担任各种风险，成本较高，所以办理贷款时必然投入更多的成本，大部分就业者根本无法接受。

三是融资渠道少。就大部分就业者的条件而言，选择正规金融机构很难贷款成功，以至于就业者不得不选择门槛较低的高利贷。因此，当前急切需要服务于就业者的正规金融服务机构。

（1）金融知识方面的服务。就业服务机构需要经常为就业者提供各种金融知识培训和指导，扩大就业者金融领域的认知范围，特别是金融信贷知识等与创业融资相关的内容，如贷款申请流程、金融优惠政策等。根据就业者的特点采取多样化形式进行宣传，如特殊情况个别指导、集中专题知识讲座、定点区域宣传等。现实操作中可以从银行的自助服务机功能使用开始学习，如支付宝银行、微信银行、手机银行等。了解更多的基础金融知识有助于就业者在创业过程中快速便捷地进行资金结算。另外，进行法律常识宣传，尤其是《中华人民共和国消费者权益保护法》，让就业者通过法律知识的学习学会用法律手段保护自身权益，避免被用人单位欺诈或误入歧途。

（2）金融业务方面的服务。与第三方金融机构进行合作也是就业服务机构为就业者提供服务的一种有效途径。通过与第三方金融机构的合作让就业者享受一站式金融业务服务，如代发工资、投资融资、信贷、结算和储蓄等。还应开设专项的信贷服务窗口，为就业者提供专人专项服务；或者是建立快速的绿色服务通道，快速解决就业者的贷款问题。一方面，要强调根据就业者现实资金情况和资产实力为其提供多样化的创业融资渠道；另一方面，帮助就业者合理选择投资渠道，从而扩大投资收益。另外，就业服务机构为就业者提供金融顾问服务，为就业者设计科学的金融策略，从而解决就业者返乡创业中的融资问题。

（3）创业培训服务。大部分就业者在创业过程中或多或少会存在各种问题，如缺少市场开发能力、欠缺企业管理经验等，这些问题都会影响企业的长期发展，产生这些问题主要是因为就业者自身专业水平不高。第一，就业者的知识水平不足，没有接受科学系统的管理培训和指导，在创业后期暴露出自身管理缺陷，缺少持续的发展动力；第二，大多数就业者在创业后期实行家族式管理模式，这种模式尽管有助于资本原始积累，但是极易出现人才结构和管理理念僵化等问题，无法灵活应对市场变化；第三，地方政府更关注剩余劳动力的输出和转移，而对于就业者返乡创业的关注和扶持较少。另外，笔者在研究中注意到，未接受系统辅导的企业及创业成功率相对于有创业辅导经历的企业更低，因此，有必要为就业者返乡创业提供系统科学的创业培训服务。

在提供就业者创业培训服务方面，就业服务机构完全可以根据创业者的实际情况和需求有计划地量身定制创业培训服务，提高培训服务的有效性和针对性。一方面，尚未正式创业的人员更倾向于学习如何甄别和分析市场，树立市场意识和风险管控意识，掌握判断机会和信息搜集等能力；另一方面，对于正在创业的人员而言，他们需要的是综合性的管理培训，包括营销管理、企业管理和财务管理等。强调如何为企业可持续发展提供更多持久的原动力。在选择培训方式上，就业服务机构同样需要结合就业者的特点，选择适合的培训方式，主要开展正式培训活动，辅以非正式的其他培训活动。另外，在培训过程中要灵活运用实际案例进行专业知识指导，有机结合理论知识和市场调研结果。同时，可以开展一些专业的指导讲座，运用实际案例调动创业者的创业热情。

（三）保障型就业服务体系

完善保障型就业服务，确保就业者的合法权益不受侵犯，可有效缓解"三农"问题。为进一步强化就业者权益保障体系，以下将详细介绍就业者保障型就业服务体系内容。

1. 社会保障服务

农地保障服务。农村就业者拥有耕地，说明耕地既是就业者的资本，也是就业者的保障。而农地保障功能主要表现在两个方面：一是为就业者提供基本生活保障，满足其食物需求；二是通过农地生产获得经济收入，为就业者养老、医疗和生活提供一定保障。基于资本立场看，农村就业者拥有的土地对其个人而言相当于个人储蓄，受我国农村土地产权制度保护。农村就业者在外务工时出现就业、经济等方面的困难时，可以重新返回农村保障其正常生活。但是当就业者渴望重新获得农地，继续经营农事活动，或者是进一步扩大农地时，就会出现各种现实问题。作为资本的耕地已经不属于农村就业者，若想收回农地，就业者需要承担更多的资金，而这些资金对于就业者而言是一个难以承受的负担。另外，由于公权力的影响，土地被迫流转的就业者无法再收回农地，这就让失去农地的农村就业者无法再通过农事生产获取收益，这种情况下，农村就业者的再就业热情备受打击，并且影响农地失业保障功能发挥效用。对此，就业服务机构应当建立起针对就业者的农地流转交易服务平台，就业者可以借助该平台进行农地交易，为农地就业者提供农业生产再就业的机会。并且提高农地流转的合法性和可逆性，降低公权力硬性，确保就业者自身合法权益得到有效保障。同时，利用各种服务手段使就业者可以更好地进入现代化农业生产中，如农业生产技能培训服务、农用机械补贴服务等。

社会保障代理服务。各种保险关系是影响就业者返乡的重要因素之一，如医疗保险和养老保险。就业者自身的基本保险保障落实困难，例如，在部分地区就业者办理的保险在退保时仅能获得个人账户缴纳的8%的储存额，原所在单位缴纳的保险金根本无法取出。而且就业者退保返乡将面临失去缴费年限的资格，如果保险缴费中断，会影响就业者返乡后的社保问题。尽管如此，也有部分就业者坚持退保归乡，独自承担损失。农村就业者的基本生活保障是其所拥有的农地，如果这些就业者返乡就会立即失去社会保障，在失去社会保障的基础上，再失去农地，这样无疑是对农村就业者更大的打击，其未来生活极有可能因此陷入困境。若就业者年事已高且不具备文化水平和职业技能，无法再进行劳动，那么其未来生活会更加艰难。

就业服务机构应当坚持四点基本指导原则：保障基本、广泛覆盖、可以转换、能够持续，从而确保就业者社会保障权益。第一，宣传国家政策信息，让就业者了解更多与社会保障有关的政策；第二，了解社会保障制度；第三，以就业者社保关系转移接续为目标对社会保障事务代理程序进行简化。

2. 失业救助服务

在我国相关法律规定中对失业救助性服务皆有相关阐述，如《就业服务与就业管理规定》《中华人民共和国就业促进法》。在《就业服务与就业管理规定》中规定了具体救助对象，主要包括两类：一是就业困难人群，二是零就业家庭。救助服务对象包括城镇居民和失地农民。农村就业者由于处于就业弱势地位，不具备与其他求职者竞争的优势，所以农村存在大量就业困难者，这些群体与求职弱者都需要接受对应的求助服务。一方面，对于特别困难的失业人群，就业服务机构应当给予相应的失业补贴，确保这类群体能够正常生活；另一方面，应为这些失业人群提供免费就业技能培训和定向岗位培训，提高其再就业率。

3. 权益维护服务

根据实地调研数据可知，当前国内就业者自我权益维护意识明显提高。但是，维权意识提高并不代表在现实中能够真正维护自身权益，需要权威机构为就业者提供帮助，确保其就业权益得到有效保障。

（1）保护最基本的劳动报酬权。劳动者的基本权益是获得劳动报酬，这也是劳动者参与劳动的根本目的。但是劳动者转变为就业者时却难以获得劳动报酬。部分用人单位编造各种理由拖欠、克扣就业者工资，甚至以不正当名义直接侵占。因此，现下最重要的是维护就业者的基本劳动报酬权益。第一，通过就业者劳动报酬支付机制的建立，规范就业者劳动报酬支付形式；第二，就业服务机构应当承担起监督职责，定时排查就业者劳动报酬支付异常问题；第三，及时更新和改进就业者劳动报酬支付机制，为就业者劳动报酬权提供机制保障。

（2）建立劳动合同检查机制。劳动关系双方签订的劳动合同是市场经济条件下重要的劳动关系凭证。劳动合同中对签订期限内双方的义务和权利进行明确规定，确保双方利益不受侵害。但是部分用人单位站在自身角度上思考，为最大限度地获取自身利益使用各种手段拒签劳动合同，使就业者处于不利地位，随时可能被解雇，权益保障更无从谈起。签订劳动合同能够有效保障就业者权益，因此，就业服务机构应当重视就业者劳动合同管理工作；及时监督、检查各地用人单位是否按照正常用人流程签订劳动法规定，若出现违规现象应及时督促整改，并给予严厉惩罚。

（3）完善维权举报及查处制度。权威机构应当为就业权益受侵害的就业者发声，维护就业者权益。为此，要建立健全维权举报与查处机制。第一，就业服务机构在接到就业者侵权事件后应当第一时间出面核实，确认后立即进行处理，认真对待所有举报维权事件，保障就业者权益；第二，与社会法律性质的公益组织合作，专门设立法律咨询服务窗口，为就业者义务提供维权法律咨询；第三，打造一支极具专业性质的劳资关系团队，加强就业权益侵害管理，做好监察和执行工作。

（4）加强职业安全服务。就业者就业安全是影响就业的重要因素之一，如常见的职业病等。大部分就业者为获得理想的工作岗位，不顾及职业安全问题。但是作为用工单位，有义务保障就业者的用工安全。第一，树立就业者的自我保护意识，强化安全观念，尤其是职业安全。就业服务机构应借助多样化形式向就业者宣传职业安全观念，开展各种劳动保护教育培训活动，保证所有就业者都具备较高的自我保护意识，增强其职业安全观念，从而拥有自我保护能力。第二，就业者服务机构有责任、有义务对用工单位进行检查，了解用工单位是否存在违规行为，是否按照法律规定的内容做好劳动者职业安全保障工作。特别是部分高危职业和特殊岗位，这些是就业服务机构检查的重点目标。第三，检查用工单位的岗前培训工作是否到位，了解这些用工单位有无履行岗前培训职责，是否带领就业者开展有关职业危害、劳动安全方面的介绍，同时，还要督查用人单位是否带领处于危险岗位的员工按时检查身体。

第七章　高职教育服务乡村振兴的
运行模式探究

乡村振兴战略是新时代的新要求、新路径、新模式。在乡村振兴战略的背景下，应加快高职教育和乡村振兴战略统一，加快物质思维和文化思维统一，加快城市发展和乡村发展统一。同时，要将文化创新意识融入高职教育及乡村振兴战略的全过程和多领域，最终实现乡村的全面振兴。本章根据乡村振兴战略发展所面临的问题，提炼其关键的制约因素，基于新时代高职教育角度，构建了产业融合模式、创新发展模式、人才供给模式、文化传承模式四位一体的模式，致力于提出高职教育助推乡村振兴战略的新视角、新思维、新方法。

第一节　高职教育服务乡村振兴的产业融合模式

新时代农业的发展以乡村振兴战略为动员令，其意义重大、内涵丰富、方向明确，是推进"五位一体"乡村振兴战略的总体布局，以兴旺的产业为基础，以培养新型职业人才为途径，大力推进乡村产业的发展和壮大。

一、产业融合发展模式

深入产业融合发展，延伸产业刺激需求。主要是以农业为依托，新型融合主体当引领，利益机制做主干，然后通过多种形式将产业融合发展进行跨界集约化配置和优化组合、有机整合，让产业更加协调发展、创新，实现产业链持续延伸、产业范围拓宽和农民增收。

（一）随着大众需求深入发展农业产业链

针对大众对于农产品加工业、农产品直销、农产品餐饮、农产品物流等一系列农村产品的服务业等方面的需求，农户开办了与农产品有关的加工与直销店等，从而促进了农业的生产与农产品营销地产业链的发展。农业的生产与农业营销的生产已经成为少数以农业为主的家庭、农村合作社或者是农业化的龙头企业的收入的主要来源，而且在生产的过程中，他们也致力于农业产业链的科技发展，并且与本土农业产品链连接，与全球农业产品链结合，逐步提升了农业产品链的资源、要素以及农产品品牌的合作能力，从多方面加强了对农业产品链的控制力、农户对农业产品经营的带动力，从而提高了农业产业链的增值能力。

（二）随大众隐性需求大面积发展农业产业链

通过对大众隐藏性的服务需求分析，农产品的加工、流通企业建设一些具有生态、高效、优质、安全以及高产的农产品的原料基地，从而推进农村居民与农村其他产业的融合与发展。通过满足大众隐性需求，延伸农业产业链，对于产业链的分工要进行深化，还要丰富农业产业链与现代农业产业体系的内涵。有些超市与大型的零售商通过研究大众的隐性需求，结合产业链的发展现状，发展自有品牌，对产业的模式进行创新，大力发展体验经济，深入发掘与凝聚、引导大众的隐性需求，从而促进农业价值链的发展升级，以推动农业产业化为基础，向更高的消费发展转变。

（三）农业产品融合集体发展

以农业产业化的群体和产业区为基础，对农村的三次产业空间进行叠合、联合集群与网络的发展。农业集体在发展过程中，通常是以一个或者几个龙头企业为核心共同发展。农产品加工、农产品与农资流通、涉农服务产业是农业产业化产业区发展的依托。农业产业化龙头企业与产业链核心企业是农业产业的主导，农业产品的发展优势与特色农业产品的种植（示范）基地（产业带）是农业产品发展的支撑。在农产品发展企业中，农村产品加工、农产品与农资流通、涉农服务产业的精准分工、团结协作、网络互联、集体有机融合的农业产品所产生的社会经济空间，通常集约化程度高，经济效益好，对于农民收入提高和农业产品原料基地建设具有很好的榜样示范与带动作用。

二、农业质量提高模式

乡村振兴战略产业主要以农业供给侧结构性改革为支撑。供给侧结构性改革是农业产业发展质量兴起的关键。它可以加快农业的建设，促进农业的现代化发展，提高农业的竞争力和发展创造力。以需求与市场导向为发展生产目标，以农业供给质量的提高为发展关键，设计具有针对性的目标，使农业的生产从低到高逐渐发展，实现大跨越。

第一，农业发展要坚持依靠科技进步增加农业产量，特别是要重视粮食产量和农业生产效率。要重视粮食产量的问题，民以食为天，粮食是国民生计的根本，粮食的安全是全国人民与党、政府高度关注的问题。在全面深化改革下，人们要对农业领域进行改革，特别是把科学技术运用于农业的生产领域和流通领域，这样可以提高农业产业的生产效率。总而言之，要遵循习近平总书记强调的在推动农业发展的过程中要把质量和效率同等看待，做到增产与增效共同发展，要善于运用科学技术把科技与传统相结合，使农业生产更加科学化、合理化。

第二，坚持将良种、良法配套用于农业发展过程中。顾名思义，就是在农业产品种植过程中，通过良种、良法和恰当的耕作制度的配套，将农业产品进行推广与应用。在农业产品的发展过程中，人们要善于运用科技，加大对品种的科研投入，培育出优秀的品种，对于农业品种，人们既要进行理论的创新也要进行品种的创新。要良种与良法结合，进行精准化的生产，使农业产品更加优质、高效。在实践过程中，人们要注意精准化生产的理论与技术相结合。

第三，农机与农艺相结合是农业发展史的标志发展进程，就是利用农业工作的机械化与农业指导技术发展相协调。现代农业的机械化发展是必然趋势，同时也是习近平总书记强调的农业发展的重要途径之一。在提升农业生产效率的过程中，机械化水平的提高发挥着重要作用。农学是一门科学，主要是指生产有利于人们生产和生活的产品供人们健康使用，动植物的科学技术是重要研究点。加强农机与农艺的辩证结合，就是要加强农作物的科学种植和育种、完善土壤营养管理，注重除虫、施肥、防治相结合，科学有序地进行土地灌排，推进深加工，加强农业机械化发展中的农产品储存、生产和管理能力。总之，习近平总书记要求人们进行机械化推动，技术与理论共同发展，同时要不断创新农学理论发展农业技术，引导农业发展。

第四，坚持生产与生态协调，是推进农业科技核心布局过程中的重要原则。近年来，我国粮食产量逐年稳定增长，为人们的生活提供了基本保障。但是，在农业生产和发展过程中，也有发展不全面、有漏洞的地方，如过度消耗水资源，造成水资源浪费。在一些农村地区，大量使用化肥增产，导致土地过度使用。另一些地区将大量湖泊和湿地规划为农用地，破坏了当地环境与生态平衡，对生态发展和乡村振兴产生了恶劣影响。习近平总书记在实践的基础上提出，农业的发展、提高科技水平的过程中，要树立生态文明理念，遵守生产发展与生态文明相协调的原则。农业是国家发展的关键，但是不能以牺牲环境这样不科学的发展方式去发展。

三、农村产业发展模式

农村产业发展空间要进行大力拓宽，要对农村产业的三次产业进行融合发展。针对农村产品的丰富性和独特性，要大力发展农产品特色，发展休闲旅游、特色产品旅游等一系列产业，为乡村的发展提供可靠的战略性支柱；大力发展互联网、现代化技术，实现"互联网+"的电子商务、农业品牌发展形态，在农业产业的发展空间中，要进行新技术、新模式、新理念的发展。

（一）构建"互联网+"农业信贷平台新模式

发展"互联网+"现代农业对我国农业产业发展具有重大发展意义。在发展"互联网+"现代农业、制定发展战略的过程中，一是要以大局为出发点，根据我国农业的发展现状，准确定位发展水平，有目的地发展，制订计划按步骤推进；二是要坚持协调健康发展，及时发现问题，并调整解决问题。由于农业区域发展差异，不同区域农业生产条件不同，特色农业发展方向不同，应根据不同地区的自然资源和农业生产环境，建立区域农业大数据中心。首先，各地区根据当地农业发展特点，设计数据统计项目，建立详细的数据分析模型，对农业数据信息的年度数据、季度数据和月度数据进行时间维度分级管理和综合分析，挖掘优势；其次，及时对数据进行行动管理和分析，为农业生产经营者提供生产依据和决策依据，详细记录产品的生产与运输信息，特别是从田间到餐桌完整信息，使农产品信息更加透明、清晰，有效的监管可以帮助消费者做出更加合理的消费决策。在此基础上，建立农产品追溯平台，对农产品的生产、流通、销售、监管进行无缝衔接。这样既可以对农产品生产者发挥监管作用，也可以帮助农业经营者乃至农业监管部门解决问题，为保护广大消费者合法权益发挥安全监管作用。"互联网+"农业信贷平台新机制的建立，促进了整个农业产业链的全面整合、高效健康发展，实现了农业信息数据共享和"互联网+"农业信贷平台新机制的建立，促进了多智能体的开发和维护，为农业产业的发展提供了一个高效、安全、数据准确的网络环境。

（二）利用"互联网+"现代农业信息系统

发展"互联网+"现代农业既能保护消费者的合法权益，又能以农业信息化为动力，推进农产品购销体制改革。在信息高速发展的时代，农业发展必须遵循时代市场发展规律，利用现代信息技术。与一般的信息采集和整理不同，农业信息系统对农业生产信息进行整合和分析后，会进行重要的预测、处理和深入的分析工作，为以后的农业发展提供实现智能化生产的基础。智能化的农业生产可以节约生产环节中的人力和物力成本，促进生产资源的优化配置，还可以对农业生产和生活环境进行保护，实现双赢与可持续发展。现代农业的发展主要依赖于农业科技的不断发展、农业智能化生产水平的不断提高。在我国农业发展的悠久历史中，各地发展水平与方式不尽相同。农业发展应以全国发展的大局为出发点，结合各地区的自身发展条件与现状，推进各地区的农地流转进程，实现适度规模的农业生产管理，为农业智能化生产提供坚实的基础。

第二节　高职教育服务乡村振兴的创新发展模式

一、科技创新体系模式

习近平总书记强调要把发展现代农业看作乡村振兴的重要战略，抓重点、补短板、强弱项，村庄要全面振兴，走好发展道路，运用好科学技术。目前，我国农业农村发展最突出的短板是农业科技创新水平低、应用不足。人才稀少、农产品技术含量低等一系列问题造成了现如今农村转型升级、发展滞缓的局面，难以在产业上实现乡村振兴，进而影响乡村振兴的整体步伐。因此，应做到，抓重点，强调乡村振兴，关键振兴产业；补短板，强调补齐农业农村发展短板；强弱项，强调强化科技支撑能力。同时，围绕农村技术技能需求优化科技创新布局，加强高职教育的高科技创新能力，使之成为支柱，提高高科技的使用资源配置效率。科技创新体系是高职教育推动乡村技术振兴战略发展、促进技术技能积累创新的重要途径。打造一个创新主体协同互动、创新要素顺畅流动、创新资源高效配置的乡村技术振兴科技创新体系，是农村技术技能创新能力建设的基础和保障。

（一）农业科技创新是农业现代化的核心动力

传统农业向现代农业转变进程中，是以先进的农业科技创新为前提发展进步的。它的发展优点体现在多方面：国家粮食安全有保障、可持续发展能力强、农业结构优化、农业生产技术装备齐全、农业质量效益好、规模经营比重高。科学技术是推动社会进步、实现社会现代化的主要力量。

农业科技创新是推进农业现代化的强大助力，是现代农业建设的加速器。农业现代化依靠农业科技创新，优化生产要素，促进机械化，改良产品品种等。"配置农业资源，降低农业风险"，既可以提高产品的产量，还可以对生产者产生好的影响，促进农产品的生产管理制度和农村社会向现代化方向发展。农业科技创新在农业现代化进程中发挥着重要作用，如在农业结构优化升级、保障粮食安全能力、提高技术装备水平和信息化能力等方面起着重要作用。

（二）农业科技创新是构建现代农业"三大体系"的主导力量

在党的十九大报告中，习近平总书记首次提到以"三大体系"（产业体系、生产体系、经营体系）构建现代化农业。农业产业体系分布范围广、行业广泛、涉及产业层次多。它主要依靠农业科技创新对产业进行融合，以科技实力为支撑点，发挥农业产业的生产功能，进而构建现代农业产业体系。农业生产体系依靠农业科技创新带来的新技术、新生产方式，向现代化迈进。在农业科技创新进步的条件下，逐步优化农业管理体制，提高农业集约化水平，还完善农业社会化服务体系，构建农业现代化的管理体系。

二、绿色节能体系模式

绿色节能引领着乡村振兴战略的发展。高职教育发展农村科技，实现农业绿色节能发展，是推进农村现代化的必由之路，也是践行"绿水青山就是金山银山"理念的重要措施。农村技术技能发展的不断创新，科学发展观的不断落实，绿色节能发展的瓶颈不断突破，有利于构建绿色节能的可持续发展体系。既可以用科技解决环境问题，还可以通过对高职教育的观念引导来发展绿色节能发展理念，实现经济可持续发展和生态环境保护的双赢。推进绿色农业，农业农村部、财政部以"绿色农业"理念为指导，对高效农业专项进行绿色循环优化的推广，促进农业绿色发展。各地将把推进绿色农业发展作为重点任务，结合各自的实际农业生产情况，通过农业科技的创新促进农业绿色可持续发展，促进现代农业高效优质发展，同时确保农业生态环境可持续发展。

（一）绿色节能发展理念

绿色节能发展理念是新时期中国特色社会主义建设的新的发展理念，是实现"五位一体"的总体布局，以美丽中国建设为内在要求的发展理念。在世界经济发展的高压下，信息技术是新的发展点，传统的发展方式必将进行改革。农村绿色发展是传统产业转移中对黑色发展模式反思的结果，减少高投入、高能耗产业的经济增长理念，是实现节能减排，应对气候变化严峻情况、极端天气和自然灾害，保护人类生命安全和生产安全的重要举措。农村绿色发展改变了跨越生态边界、几近崩溃的发展模式，它使人与自然之间的关系变得和谐，创造了生态宜居的农村人居生存环境，增强了人们在经济发展过程中的满足感、快乐感、获得感，使人们对美好生活的寄托与向往得以在生活中实现。

（二）农村绿色生态布局

完善农村基础设施，实现村容村貌整洁、生活条件适宜、操作方便、农民出行方便的目标。根据村落现状，充分利用现有建设用地，通过改造、分拣、改建等方式控制新房建设用地，整合土地资源，避免土地闲置、浪费，提高生态环境的生活舒适性，从而达到建设生态合理村庄的目的。规划要有针对性，因地制宜，要充分结合地形、水资源系统等自然环境，形成村庄布局和周边自然农业生产环境的有机结合，共同促进山林田野空间形态的生长，有利于凸显现代建筑景观与生态景观的有机结合所产生的韵律美。

（三）农村绿色农业现代化

农村绿色发展可以促进农业发展现代化，加速科技创新，生产绿色产品，引导人们改变传统消费方式，转向绿色生活方式和绿色消费方式，通过低碳生活增强人们的体质，提高健康水平。建设乡村人居环境综合监测平台，实时进行监测，加强农村饮用水水源地水质检测和保护，实现农村污染物和污染源的全程监测，引导公众积极参与农村环境网络监管，从自己做起，一起维护绿色人居环境，共同推进农村绿色经济发展。推进农村绿色发展，既可以完善监管体系，也使农村发展有了合理规划与发展指标，明确了各方责任，形成长效约束机制，也可以保障经济发展和生态平衡。

第三节　高职教育服务乡村振兴的人才供给模式

一、职教体制创新模式

高职教育助推乡村振兴战略必须进行职教体制改革创新，加强乡村振兴人才体系供给。乡村振兴制度供给的关键内容是农业农村各类人才与高素质劳动者的供给，高职教育的发展为乡村产业发展提供实用人才与现代化技术资源。不断提高农业生产科技以及装备水平，完善农业生产体系，构建与现代市场经济发展相适应的农业生产体系。

（一）实施三大工程

其一，强农兴农教育工程。以农业主导产业发展为核心，向广大农民开放与农业生产相关的高职教育，以此来达到引进项目、培训人才、形成产业、富裕百姓的效果。其二，劳务经济教育工程。以促进农村劳动力转移为目标，向广大农民开展引导培训和职业技能培训，使他们掌握几项能够适应第二、第三产业发展需要的专业技能，以此来提高其在劳动力市场上的竞争能力，不容易被社会淘汰。其三，农民创业教育工程。对有意向创业并具备一定能力的农民，给他们提供创业指导以提高其成功率，开展的指导项目有企业基础知识、经营管理能力、市场调查能力和职业道德培训等。

（二）推行三种模式

一是推行校企联合办学模式。即引入市场化机制，学校与企业合作，双方各取所需，学校依据企业提出的标准招生并开展订单式培训教育，企业按标准考核接收合格人员，双方按合同约定结算费用，推进农民高职教育市场化，实现双赢。二是推行"中介机构+培训机构"教育模式。中介机构按照市场劳务信息和用工要求，与培训机构联合共同组织农民培训教育，增强教育的针对性。三是开展现代远程教育。通过电视广播、互联网、函授等教育形式对农民开展引导性培训。

二、专业能力提高模式

人才结构性改革是乡村振兴人才支撑的重要模式，农村高职教育学校特别是县级职教中心坚持面向当地各个产业对劳动者的需求设置相关专业，与乡级和村级农民文化技术学校合作，构建三级农村高职教育与培训网络，按照"一乡一业""一村一品"的发展需要，不断调整专业结构和优化课程体系，为当地现代农业发展、农村劳动力转移和农村城镇化建设培养大量人才。

（一）农业上的突破解决现实和经济需要

高等教育对农业的深入研究，能够解决一些根本上的问题。如袁隆平研制的杂交水稻，通过从遗传学角度综合不同品种的优良性状进行杂交，研究出了杂交水稻，使水稻产量跨越式提高，对社会做出了巨大贡献。由此可见，高等教育在农业中占有非常重要的地位。

（二）高等教育对人才的要求非常严格，特别是对兴农人才的要求

科学研究需要对科研产品有充分的认识，对科研产品的充分认识取决于科研人员对基础知识的掌握，这直接决定了研究的高度。要想有出色的科研成果，就必须有非常扎实的专业基础。除此之外，还要有实践精神。研究的另一个基础是研究的视野，要对农业有足够的了解，对于农业的生产有足够的经验。

（三）实践出真知

实践是高等农业教育的最终立足点，对农业实践的认识和实际操作能力是培养的重点，能够探索和发现农业存在的问题。高等教育是以为社会培养有用的人才为目标。实践与专业知识的有机结合，是人才建设的重要途径。在农业高等教育中，要着重培养学生的认知和实践能力，加强学生对农业的有关思想建设，使他们能够对农业产生兴趣并努力学习，全身心投入农村农业建设中。

第四节　高职教育服务乡村振兴的文化传承模式

根据时代要求，"实施乡村振兴战略""坚持农业农村优先发展"已成为我国乡村发展的新蓝图，也是今后我国乡村发展的总目标。乡村振兴战略离不开乡村文化的引领，通过高职教育结合乡村文化构建乡村振兴战略新模式，以激发乡村发展的内生动力和外在推力。

一、旅游融合发展模式

文化本身并不能直接产生经济效益。通过高职教育结合乡村文化促进与新型旅游相融合，产生叠加效应。文化是旅游的灵魂，旅游是文化的载体。只有大力发展乡村文化旅游业，才能促进乡村文化由精神向物质的转化。

（一）转变发展动力机制

我国农村文化旅游大多数是农村居民为了经济或其他因素自主开发而形成的，在整个过程中，乡村文化旅游难以避免地存在规模较小、缺乏产品特色和可持续性弱等问题。在新时代背景下，要充分发挥政府的作用，政府不仅是主导者，同时也是协调者，应该把乡村文化旅游与美丽乡村建设有机结合起来，统筹规划乡村基础设施建设和乡村旅游项目，因地制宜，就地取材，充分尊重农村居民意愿，不强迫村民，实施乡村旅游景区区域布局和差异化设计，尽全力打造具有地方特色的乡村文化旅游发展品牌。

（二）整合全球旅游理念

从区域规模这一角度来看，乡村是开展全域旅游最适宜的空间和场所。优秀的乡土文化气息和雄厚的农业文化资源是发展乡村旅游的重要基础，是乡村文化旅游与其他旅游最大的区别特征。同时，农村的不可分割性使农民个体难以为游客提供全面的乡村文化旅游体验。只有农村居民全体参与和共同推动才能形成吸引游客的乡村文化旅游市场。从整个农村的角度出发，整合农村独特的文化资源，推进农村居民积极参与民俗村建设，使农村文化旅游焕发出长久的生命力。

（三）注重农业文化的继承与创新

中华文明上下五千多年的悠久发展历史孕育了灿烂的农耕文化，为各地发展乡村文化旅游提供了适宜的土壤和优质的旅游资源。优秀的农耕文化是乡村旅游发展的灵魂，是乡村文化旅游重要的竞争优势之一。积极推进农耕文化的保护、传承和创新，是农村文化旅游可持续发展的内在要求。要充分挖掘农村农耕文化旅游资源，增强全体社会对农耕文化资源的保护意识，积极继承和发展农耕技术、农风民俗、传统风情、饮食服饰、传统民居等优秀农耕文化，将其融入乡村文化旅游的各个方面，不断满足游客想要亲身体验农耕文化的需求。

（四）积极建设生态宜居新村

农村文化旅游对农村的生态环境具有很强的依赖性，这也就要求各地区在发展农村文化旅游时必须坚持"绿水青山就是金山银山"的理念，注重生态保护，绿色发展。在资源开发和工程建设过程中，运用生态文明建设的理念和方法，以推进"厕所革命"发展为契机，以建设美丽农村为载体，加大对农村街道、河道治理和生活垃圾、污水处理设施等建设的力度，通过美化、绿化等一系列措施，优化农村生活居住环境，全面提升农村居民的生活质量和游客在当地的旅游体验。

二、文化传承创新模式

支持民族地区职业院校着重开发一批能体现乡村特色文化、具有产业化发展前景的乡村传统技艺专业，传承创新民族文化、民族技艺。鼓励乡村文化资源由静态保护转向开发利用，促进乡村文化价值和经济价值统一，使文化真正成为支撑乡村振兴战略发展的宝贵财富。

（一）确立农民在文化中的主体地位

党的十九大报告明确提出要实施乡村振兴战略。乡村振兴不仅要为村民的现代化生活提供物质基础，更要为和谐乡村的重建提供精神营养。"在中央大政方针政策已经明确的情况下，乡村治理需要在土地制度完善、农业服务体系建设、公用设施建设和管理、农民社会保障等方面取得突破。"要实现农民文化发展权，需要政府由主导向多元参与的格局转变，把乡村建设的核心领导层转变成多元素的核心，并且实现乡村多元化的实施者和落实者都必须是农民，以农民为主体。具体来说，就是在村民自治制度和文化建设中确立农民的主体地位，以程序和制度规范文化的建设。当前，我国农村文化建设的主要任务是将制度安排与基层农民的利益结合，将两者之间的关系协调统一、求同存异，有赖于农村的多元参与机制。通过以农民为核心，包括媒体、乡村精英、村干部、基层政府在内的多元主体的共同努力，不仅能弥补基层政府公共文化服务能力的不足问题，而且能更好地实现农民的文化权利，调动农民的积极性。

（二）培育农民的地方文化认同

乡土文化是中华民族的优秀传统文化之一，是文化的源泉，也是农民对乡土感情的载体。乡土文化不是虚无缥缈的雾中之花，它具有生活性、自然性和乡土性的特点，是绽放在广阔土壤上的花朵，是农民对生活的希望。乡土文化建设主要是培养农民的价值认同。在进行乡村振兴时，应该发展乡土文化，把农民对于土地的认知和文化归属培养起来，使他们在建设中有强烈的责任感与使命感，将他们对农村振兴的情怀转化为对国家的一种认同和对民族的一种认知，要深入开展乡土文化教育，把好的文化教育宣传融入学校教育中，让学生从小便对乡土文化产生浓厚的兴趣，在成长过程中，对乡村文化能够有很好的认知，从而促进一代代人对乡土文化的传承与发展。

（三）培育乡村地方文化的传承是乡村振兴的重要发展趋势

想在乡村发展过程中取得先进的成果，乡村必须自己培育人才，想办法留住人才，吸引人才在乡镇创业。但是随着城镇化进程的发展，很多精英人士不断从农村外流，他们逐渐走向城镇，这使农村的人才流失较为严重，现如今剩下的大多是老、弱、病、残、幼这些没有劳动能力的人。而且这些留守老人、妇女、儿童的受教育水平也不足以撑起地方文化传承的任务。因此，一是保护现有的民间艺人。农村文化发展滞后虽然是目前的主要问题，但农村文化并不是粗浅的，而是有着地方丰富的文化资源的。农村是当地各类艺人活跃的舞台，如相声、剪纸、戏曲、杂技等传统民间艺术仍然深受群众喜爱，具有很强的传承力。所以在地方文化建设中，要将这些地方文化建设成一个文化库，给予这些民间艺人一些补助与资助，鼓励他们大力保护、传承乡村文化艺术。二是培育文化农民。农民是地方文化建设的主力军，也是地方文化的主要传承者与创造者。当地文化的发展离不开懂得艺术的农民。三是设立文化基金委员会。文化基金委员会的成立既可以对乡村文化进行保护，也可以使这些农民艺术家更好地发展文化艺术，保护当地的文化意识。四是重视教育，积极整合相关资源。教育是振兴之本，是农业建设的重要环节，教育是培养地方精英最根本、最有效的措施。

在我国的城镇规划中，中国式教育资源要向农村倾斜，更应注重乡村学校的建设、教师质量与师资队伍的力量以及配套有效设施建设，还应该对现有的教育资源进行多种形式的利用，开展地方文化教育，培养地方导师，确保每个地方文化人才有专业导师的指导与辅助。有条件的还可以开设地方人才培训班，聘请各类专业艺术人士进行培训，使乡土艺术不仅仅是在家人之间传播，而是全面展开，使文化艺术的传承更加源远流长。同时，还可以宣传当地文化艺术，提高专业素质艺人的表演能力。

（四）社会主义核心价值观的建立是引领机制

在乡土文化传承过程中，精神意志抵抗能力较弱的农民容易在精神信仰方面产生迷茫，从而产生一种主流淡化的意识形态，很难形成对社会的道德理论和社会规范的认同。所以乡土文化的传承要从多方面发展，要注重乡土文化的发展趋势与社会主义核心价值观之间的关系，应该以社会主义核心价值观为主体。以社会主义核心价值观来引导农村多元化的发展，从而增加对乡土文化的凝聚力和创造力。在乡土文化的发展过程中，我们应该将其内在的文化基因与精神内涵进行充分挖掘，处理好乡土文化与社会主义核心价值观之间的关系，将乡土文化中美好的一面积极发扬，如勤俭质朴、和谐共生等，将其融入时代文化，将诚信、勤劳、互助、淳朴、仁爱等道德价值观融入社会主义核心价值观，使二者之间形成双向的良性互动，共同吸收其文化的优点。这样既发扬了社会主义核心价值观，又使乡土文化有了很好的文化体现，使之有文化的历史韵味，也有现代的时代韵味。在东西方文化的交流融汇中，要取其精华，去其糟粕，有选择性地吸收，这样可以使我国的乡土文化更加完善，使它的文化元素更加丰富。

三、功能完善配套模式

创建乡村文化示范性职业学校，发展乡村经济管理体系，要以政府推动为主导。将乡村的经费实时落实，这样既能够保证文化的传承，也能够保证乡村的生活水平。并且按照一定的比例将经费落实到文化设施中，将其列入市县财政预算，解决城镇与乡村之间发展不平衡的矛盾，使公共服务公平化。

随着社会经济和城市化的不断发展，以人为本的新型城市化，加上工业化、信息化和农业现代化的共同发展，人们有了比以往更好的居住选择，人口流动也不断增加。农村人口不断向城市聚集，小城镇往大城市前进，久而久之，农村人口数量锐减。农村经济在社会经济的发展中占有重要的地位，农村地区将长期存在，一些偏远的学校，特别是农村小学和教学场所也将长期存在。国家的义务教育是农村基础教育的重要组成部分。农村教师队伍的建设是乡村教育发展的重点。每个人都有受教育与使用教育资源配置的权利，不会因地域、种族、家庭背景、经济状况等的不同而区别对待，每个人都是平等的，这有利于教育大门更全面地向所有人开放。

目前，教育机会均等已逐渐成为教育职能优化配置的主要内容。由于个人天资、禀赋以及社会、政治和经济地位的差异，教育公平的重点是给每个人一个公平发展和竞争的机会。从本质上讲，教育机会均等与教育职能完善配置的公平性有关。教育职能的公平配置是指教育资源的配置应以机会均等为原则，保证参与教育资源配置的每个人都能获得平等的机会，即教育职能的配置应保证每个学校或者在同等条件下，每个人都有平等的机会享受平等的教育资源。

四、城乡统筹发展模式

乡村文化是乡村振兴战略的重要基础和根本保障，是乡村建设的灵魂所在。要把乡村文化建设摆在更加重要的突出位置，结合高职教育实施乡村文化振兴工程。建立健全乡村文化机制，以推进乡村文化建设各项目标任务落到实处，加快城乡统筹发展。

（一）推进城乡一体化，解决两者之间的要素配置问题

城乡发展不平衡主要是要素配置的不平衡。长期以来，城市中心的生产要素一直往周边地区流动，造成了农牧区的"贫血"发展不平衡，所以要优先发展农业和农村的大政方针，打破城乡二元固化，统筹城乡发展，促进城乡人才、土地、资金、技术、信息等要素双向流动。在加快要素流通的基础上，还应建立现代农业产业体系，对农业科技进行创新和推广，创立具有本地特色的绿色有机农产品，不断进行新的研发，培育新的经营主体，促进三次产业融合发展，构建更加活跃的现代农业经营体系。同时，要确保经济建设和生态保护，保持山川秀美。

（二）推进城乡一体化融合，需要加强农村公共服务建设

基础设施不完善、公共服务落后是目前农村发展遇到的主要问题，也是城乡发展之间特别突出的差距与不平衡的地方。2020年，部分省份提出，农村基础设施要加大资金的投入，推进城市生活基础设施向农村延伸，加大对水、电、路、宽带、物流等方面的投入和建设，实现城乡基础设施一体化；农村优先安排公共服务，积极推进教育、医疗卫生、社会保障、养老、文化体育等公共服务为农村基础设施建设服务，促进城乡统

一；对城乡基本公共服务标准和制度进行整合，从而实现从形式上的包容向实质上的公平转变。

（三）推进城乡一体化，要坚持改革驱动的原则

深化农村改革，为农村发展增添活力，对农村承包地制度进行改革，特别是集体产权制度的改革，继续推进农村集体经济"破零"工程，使乡村财政有保障，同时完善农村金融服务体系，深化农业领域改革。农业转移人口市民化机制的不断完善对户籍制度进行了深化改革，既使城市扩大了包容性，也使农民工可以尽快熟悉新环境。通过改进和突破，可以唤醒和激活农村的资源活力，激发农民的积极性和主动性，进而从根本上激发农村的经济活力。

（四）城乡融合发展，要充分发挥基层党组织的作用

走城乡融合发展新道路，在乡村振兴战略的实施中，要坚持党的领导的政治优势，基层党组织和基层干部要积极落实党的政策，发挥"神经末梢"的作用。俗话说："村看村，户看户，群众看党员，党员看支部，支部看干部。"推进农村基层党组织建设是实施乡村振兴战略的重要保证。当前，坚持五级书记推进农村工作，加强村基层村党组织的整顿，选拔优秀人才成为基层干部，采取措施以人为本，着力培养懂农业的"三农"工作队伍，发挥农村基层党组织的战斗力。

第八章 高职教育服务乡村振兴的路径创新

第一节 高职教育服务乡村振兴的影响因素

随着新时代中国特色社会主义建设的不断发展与进步，根据社会建设的需要，党和国家正逐步推动城乡发展一体化，致力于缩小城乡之间的贫富差距，实现国民经济总水平的提高。为了适应这一系列的需要，在党的十九大报告中明确指出了实施乡村振兴战略的必要性。农村教育作为实施乡村振兴的战略要点，是改善农村人口素质教育的根本所在。其中，农村高职教育是人们关心的聚焦点，对农村经济社会发展的影响和贡献最为突出，在乡村振兴战略中发挥着举足轻重的作用。随着乡村振兴以及扶贫攻坚战略的不断推进，农村高职教育逐步受到重视，高职教育的发展不仅有利于开发农村人力资源、提高农民队伍的技能知识，而且有利于缓解农村自我发展能力不足的难题，这对于实现乡村振兴战略目标具有现实的重要作用。

本节通过阐述新时代农村高职教育对乡村振兴战略影响的种种要素，为新时代高职教育助推乡村振兴战略的发展提供研究方向与理论指导。

一、经济发展因素

目前，乡村振兴备受社会关注，而经济发展作为乡村振兴战略实施的前提与关键，自然成为政府工作的重中之重。经济发展也应满足乡村振兴发展战略的需求，其中主要针对乡村高职教育、区域经济发展等。现阶段，我国乡村整体生产力较弱，"三农"问题仍然是困扰我国经济发展的主要短板，这就造成农村农业问题始终是我国现代化经济建设的瓶颈。事实上，我国政府始终将发展高职教育作为促进经济发展的重要目标，这是我国几代人的目标和梦想。中华职业教育社成立以来，我国就明确了先宣传后号召最后研究高职教育的宗旨，为我国经济发展注入活力。到如今，党和国家明确指出构建现代教育体系的重要性，新时代的发展需要高素质劳动力，培养一大批高素质人才是扩大就业创业、促进社会经济发展的基础。高职教育培养的技能型人才是产业振兴的基本保障，其能为产业振兴提供专业的技能知识。

二、科技支撑因素

目前，乡村振兴战略的发展需要多样化的发展动能。其中，科技创新成为新动能发展的主力军，主要着重于农业知识的生产、传播以及配置问题。现阶段，我国社会经济的发展模式逐渐由高速度向高质量转变，社会发展逐步向工业化、城镇化、信息化方向发展。总体格局的变化会带动部分的变化，乡村经济跟随着时代发展的潮流也步入了大变革阶段，政府利用科学技术构建了新型农业产业体系、生产制度、经营模式等，与以往的制度体系以及运营模式相比大相径庭，这打破了农村地区一直以来发展第一产业的单一模式，促进了三次产业相互融合发展，给农业生产带来了无限生机与活力，增强了第一产业的市场竞争力与创新力。县级职教中心促进了科技文化以及职业知识的推广与传播，农民可通过在其中的学习得到相应的创新知识、了解更多乡村振兴的理论知识。乡村振兴战略的实施需要坚定不移地将习近平新时代中国特色社会主义思想作为理论依据，充分了解本地区经济发展的实施情况，结合两者为乡村振兴战略实施的政策与计划做出正确的指引，改变乡村地区人们以往的旧思想、旧理念，用新时代的方针战略来发展经济。农业生产需要的创新型技术，能够为乡村经济发展提供坚实的物质基础，引导人们注重产品质量而非仅仅在乎数量，带动人们收入水平的提升，推动乡村经济稳步向前发展。此外，农业生产的机制创新也同等重要，政府应积极引导农民大众改变以往的小农生产意识，推动农业生产的产业化转型，扩大生产的规模化改革，带动农业一体化经营，延长产业链，开辟属于中国社会主义的新型乡村振兴道路，以科技创新为指导，加快农业管理升级，实现农业资源的合理分配，制定培养农村创新型人才的独特机制，最终推动乡村经济的发展。

（一）聚集先进技术资源，加快农村产业发展

当今，我国政府创办的科研室以及高等院校都布局在经济发展水平较高、拥有优质科研资源的先进城市，在很多普通的县级市内科学研究机构仍处于空缺状态，科学研究水平和职业技术水平都处于低水平层面，严重阻碍了我国农业的现代化发展。与此同时，广大农民群众的信息来源渠道单一，先进技术的传播条件有限，闭塞的信息化空间难以满足现代农业经济发展的需求。针对此问题，政府认为中介部门的参与是解决问题的关键，可将农业、农村、农民以及科研机构紧密结合起来，中介部门作为桥梁与纽带发挥了积极作用，此举加快了农业先进技术的传播与发展。县级职教中心具备相应的师资队伍与硬件设施，是与科研机构以及高等院校进行沟通与协作的选择之一，职教中心可定期号召在校生以及区域内劳动力开展科学技术学习，提高广大农村劳动力的技能水平，构建区域内技术培养体系，从而加强产业整体技能水平，最终实现农村科技水平的创新发展。

（二）构建先进的技术研发团队，产生吸引力的效果

农民、当地经济实体以及社会服务机构都是乡村振兴的必需条件。目前，在我国农业劳动力发展模式、产业经营体系处于大转型的背景下，可将县级职教中心所具备的专业技能型教育组织作为吸引主体，将广大农民及其他生产主体、科研团队等紧密联合起来，构建一个综合性科教整体，研发各种新型农业实用技能、生产经营模式、手工艺术等；研究并推广运用各种相应的农产品与新途径等。此外，县级职教中心还可以与政府、科研团队以及其他社会组织联合，构建一个拥有先进技术、高素质技术人员，促进先进技能推广应用并转移，拥有健全的技术咨询体系、先进技术服务、先进管理水平的整体工程，此举为农村产业发展、农民脱贫致富提

供前进的动力，并最终实现乡村振兴的长远目标。

（三）健全各类体制机制，更加注重技术研发

自县级职教中心成立以来，促进县域内的技术研发与技能推广应用一直是县级职教中心追求的目标。不断进行技术研发是县级职教中心的主要任务之一。随着我国乡村振兴战略的进一步推广，县级职教中心应号召职业技术人员，联合相应科学研发团队积极学习习近平新时代中国特色社会主义思想，结合本县区实际发展状况，出台合理的管理政策与制度体系，为乡村振兴提供坚实的制度支持基础。政府还应结合各项制度体系变革开展专业性的科学研究，加强乡村生产企业与新时代科学技术的紧密结合；设立技能型人才培训机构，为乡村振兴提供大量高素质劳动力人才，通过坚定的理想信念和职业精神培训挖掘人才、培养人才、巩固人才。认真总结与学习发达国家和地区乡村振兴的合理制度与经验，结合我国发展实际状况为我国乡村振兴提供积极有益的指导。

三、文化发展因素

乡村文化作为乡村振兴的根本精神支撑，为乡村振兴战略提供不竭的精神动力和思想保障。广大乡村地区作为我国农耕文明的基本物质载体，延续了中华上下五千多年的文化，让其源远流长、博大精深。我国实施乡村振兴战略，不仅旨在促进乡村经济发展，还能为世人探究农耕文化中所蕴含的人文精神、优秀传统文化以及高尚思想道德提供重要的机会，这些优秀传统文化与道德的传承、发展，需要乡村高职教育作为传播媒介，乡村高职教育能在继承与弘扬优秀传统文化、对非遗文化进行保护的过程中，对其进行创新式提升与发展，让优秀传统文化与道德为乡村建设提供不竭的动力。此外，乡村振兴要利用县级职教文化中心的作用，积极探究县域内优秀文化资源的根本价值，建设现代化乡村文化体系；开设有关乡村文化的基础性课程，积极提升乡村文化的创新创造能力，为村民灌输先进的乡村文化，提高村民的文化素养，为乡村文化资源转变为经济资源做好充分的思想准备，用文化振兴助推经济振兴。在乡村文化教育工作建设中，新生代青年作为文化发展的主力军，应积极领悟乡村文化的意义，不断增强我国乡村的文化软实力。县级职教中心应积极培养能够建设乡村文化企业的先进青年代表，并不断加强乡村文化的高职教育，引领青年学生积极学习乡村文化，成为传播乡村文化的领头羊，为更好实现美好乡村生活而努力。

乡风习俗是一个特定地域内文化生活的展现，是乡村精神支柱的基础。政府在推进乡村振兴战略实施的过程中，把根植于农耕文明中的优秀文化的优势毫无保留地挖掘出来，将优秀传统文化与现代文化紧密结合，为乡村提供既包含传统文化又融合现代元素的优秀乡风习俗，此举不仅有利于促进乡村传统文化的传播，还有利于现代文化融入传统文化，实现文化的创造性转换、创新性发展。县级职教中心被人们视为县域内权威的教育组织，应不断挖掘农耕文明中的优秀传统文化，为县域文化建设提供优秀的文化元素，丰富农村文化内涵。县级职教中心通过兴办乡村文化培训机构，如积极开展书画班、表演班、手工艺班等，为农民群众提供丰富的文化生活和展现自我的舞台。由于乡村经济文化发展状况欠佳，县级职教中心作为县域文化建设的主力军，应积极挖掘优秀乡贤文化，不断为传统乡村文化注入活力，为农村青年在乡村创业提供强有力的思想支撑。政府应积极提升乡村文化的传统魅力，增强乡村文化的自信力，从而扩大乡村文化的吸引磁场，吸引更多年轻人积极扎根于乡村建设，为乡村振兴注入新鲜的劳动血液。

四、产业融合因素

乡村产业是乡村振兴的前提与基础，新型农村的发展与进步需要新兴产业的助推。在农村开展产业振兴背景下，乡村高职教育抓住了大融合的发展机会，在新兴产业发展的过程中，高职教育可提供技术、人才、智力扶持等多元化途径，把资源、人才、技术都融入新兴产业的建设中，为农村新兴产业提供源源不断的支持与活力。高职教育还应积极与农副产品企业、旅游观光企业进行校企合作，为在校学生以及农村劳动力提供更多就业岗位，积极开展更深程度的产教融合。

（一）产教融合有助于推动农村高职教育精准扶贫最大限度发展

县级职教中心与社会企业联合发展，为广大农村青壮年劳动力提供了更多的就业岗位，扩大针对农村地区的就业招生数量，利用订单式培养农村青壮年劳动力，进一步助推精准扶贫，让高职教育普及更多偏远地区，提升当地人口的职业技能，为其继续参加高一级阶段教育以及创业提供理论知识基础，增加就业数量和质量，为农村地区人口真正摆脱贫困提供更多途径。产教融合能够吸引大量高素质职业技能型人才。在农村职业院校毕业的学生有多种就业抉择，他们可以选择留在本地，为家乡建设贡献自己的力量；学生在校就读期间，可接受来自企业的直接培训，从而更早地适应社会职场工作。此举可为乡村经济、文化更高更快发展提供更多高质量人才，减少人才流失，最终建设一支高素质的人才队伍。

（二）产教融合发展有利于更好地推动农村高职教育改革

首先，农村高职教育要设立与对口产业对接的专业课程，优化专业配置，为学校与企业之间良好沟通与合作搭建桥梁，最终培养大量产业发展需要的专业对口人才。其次，农村职业院校的职教知识内容与方式应与产业发展标准相吻合，应按照产业发展标准设立课程进度与模式，选择合理的职业教学内容，扩大课程体系中的专业知识，如相关职业规范标准、职业资格衡量等，使毕业生在成功获取毕业证书的同时也能获得职业资格证书。此外，农村职业院校在教育教学进程中应直接与产业生产相通，根据产品生产方式进行教育教学设计，真正达到"知行合一"的效果，丰富实践能力。

（三）乡村在产业融合创新过程中需要实现产品创新、流程变革、技术变革、管理变革等

例如深度处理农产品、绿色农业、娱乐产业、生态农业、体验农业等的出现，是更高形态的现代农业，具有更高价值形态和更高附加值，成为新的经济增长点，进而推动乡村经济增长。农村产业融合"新业态""新模式"，比如，有机种养和发展餐饮经济结合起来，形成"前餐后种""前餐后养"的商业模式，电商平台和农业跨界融合的"互联网+农业电商"模式，物联网和大数据等信息技术和农业融合的智慧农业，农业和休闲旅游融合的休闲农业和体验农业等新业态。

农业产业融合的产业结构效应表现为三个方面。第一，横向拓宽了现代农业产业体系。产业融合促进各产业间技术渗透，并进行产品创新和产业创新，开发农业多种功能，增加农产品品种，生产高质量农产品，加快新兴产业产生的步伐，扩大乡村的产业幅度，逐步形成包含生态农业、特色农业、休闲农业、旅游农业、智慧农业等的多元化产业体系。第二，纵向深化了现代农业产业体系。产业融合中各产业突破边界实现产业链前后延伸，增加农产品价值链的作用，深度拓展现代农业发展体制机制。第三，提高产业协调发展经济效益。促进不同产业之间的技术渗透和交叉融合，导致各产业之间的增长速度和生产速度差距减小，实现产业更高效率与更先进技能的优质资源分配模式、生产方针与管理方法，让乡村产业结构朝着大规模化、高技术含量、高经济效益、高效能和高加工度演进，实现农业产业结构的优化升级。

第二节　高职教育服务乡村振兴的要求与思路

乡村振兴是实现民族复兴的重要基础，只有实行乡村振兴战略才能促进现代化国家建设，推动社会主义和谐社会发展，实现国家制定的"两个一百年"奋斗目标，促进中华民族实现新的飞跃。多年来，我国一直强调要重视农业农村发展，连续颁布多个中央一号文件推动农业农村现代化。2021年颁布了中央一号文件《中共中央　国务院关于全面推进乡村振兴加快农业农村现代化的意见》，意见中指出，我国要尽快实现农业农村现代化，解决"三农"问题，尤其是当脱贫攻坚战略取得一定成果时，更应及时巩固发展乡村振兴战略，促进二者的有效衔接。

农业农村现代化是乡村振兴的主要核心，而实现农业农村现代化离不开优秀人才的支持，更需要先进科技作为内在动力，将创新思想与技术传承结合，共同推进农业农村现代化发展。我国在"十四五"规划纲要中明确提出要"提高职业技术教育的适应能力"。习近平总书记在全国职业教育大会上明确指出，职业教育至关重要，应当将其纳入全面建设社会主义现代化国家战略目标中，并表示未来"职业教育具有良好的发展前景，必将大有可为"。2018年12月，教育部印发《高等学校乡村振兴科技创新行动计划（2018—2022年）》，带领各大高校共同发力促进乡村振兴战略进一步落实。将高校变为乡村振兴高层次人才培养基地，为乡村振兴战略提供科技支持，将所有科技创新成果应用于促进乡村振兴战略之中。地方社会经济发展与职业教育密不可分，在当前难得的历史机遇下，高职院校应当乘势而上，积极发挥自身功能促进乡村发展，展现职业教育的重要作用，从而提高自身的重要地位，实现高等教育的进一步发展。

一、时代背景：乡村振兴对高职院校职能提出新要求

（一）乡村振兴离不开人才支撑

社会经济发展人才是核心要素，同样地，乡村振兴事业也需要人才的大力支持。现阶段，我国工业化与城镇化发展日趋成熟，乡村的青壮年劳动力流失越来越严重，大部分青年群体都离开家乡奔赴大城市工作，我国农村基本上都是老、弱、妇、孺，农村"缺人"现象越发严重，此种现象明显不利于乡村振兴目标的实现。2021年，中共中央办公厅、国务院办公厅颁布了《关于加快推进乡村人才振兴的意见》，旨在推动乡村建设，吸引人才进入乡村发展。文件还指出，重视本土人才培养，提高乡村人力资本开发的重视度，研发技术研究平台、开办各种特色工艺班，鼓励职业院校参与农业专业建设活动，为乡村发展培养更多专业化人才，等等。国家颁布多项推动高职教育服务农村发展的政策文件，指出新时期下的高职院

校应认真思考未来的专业化建设问题，以乡村振兴和人才培养为目标积极完善和调整，提高面向农村的高职教育服务水平。

（二）乡村振兴需要科学技术支持

科学技术是第一生产力，这是永恒不变的真理。习近平总书记表示，农业科技现代化是实现农业现代化的核心基点。将科技发展作为乡村振兴战略的原动力，不断创新科技，提高科技水平才能真正推动乡村产业振兴，带领农村实现现代化发展。

中国在世界上是重要的农业大国，改革开放后我国快速发展，尤其是党的十九大召开后，农业科技水平有了明显提升。据调查，在2012年，我国的农业科技进步贡献率达到53.5%，据此推断，2022年农业科技贡献率将有明显的提升，预计可超过61.5%。但是我国农业产业化水平不高，尚未实现真正的规模化发展，尤其是当前的农副产品附加值较低，无法真正发挥农村科技作用，在实现乡村产业与科技创新融合上略显不足，农业科技成果向农村产品转化能力不足，无法有效推广科技转化成果等，以上皆属于我国农村发展过程中出现的问题，严重阻碍乡村振兴战略实施。高职院校和乡村振兴所需的实用型技术和科技发展方向都在国家颁布的文件中，符合乡村振兴应用型科学技术的实际需求。

（三）乡村振兴需要文化传承创新

文化是意识形成和发展的核心动力。实施乡村振兴战略不是一蹴而就的凝聚行动，而是需要不断推动，这就需要大力推进乡村文化振兴。乡村文化是推动农村经济发展、凝聚农村居民心灵的重要力量。优良的乡村文化支撑着新时期的农村建设和发展，是实现乡村振兴的内在动力。优秀的乡村文化是我国社会文化体系的重要组成部分，是中华民族几千年劳动积累的宝贵精神财富。促进乡村文化的创新转型和创新发展是振兴乡村的时代要求，职业院校要充分发挥文化传承和文化创新的重要作用。

二、内在逻辑：高职院校服务乡村振兴战略的基本思路

高职院校属于人才培养的重要基地，不仅承担着发展科技、培养人才的职能，同时还要为社会提供服务。因此，高职院校的办学方向应以当前市场需求为主，以推动就业为目的，提供相应服务。高职教育在所有教育类型中与地区经济发展关系最为密切，因此，乡村振兴战略实施需要高职院校发挥自身职能，充分展现其服务价值。

（一）以人才培养为逻辑起点

一是找准人才培养的根本目的，始终坚持为国育才，为人民服务，以社会主义为办学方向，通过人才培养推动国家发展战略。基于乡村振兴战略背景，高职院校应承载国家发展重要职责，顺应时代发展趋势，缓解社会就业压力，保证民生稳定发展，积极培养高素质且具有专业技能的综合型人才。二是树立正确的教育理念，了解人才培养方向。坚持以人为本的理念服务于乡村振兴战略，高职院校应科学开展教育工作，保证学生的全面发展。强化学生的品德修养和爱国精神，树立公民的责任意识和担当精神，向学生灌输诚信品质和工匠精神；努力学习扩大知识面，养成健康的生活习惯和生活方式，提高自身的人文素养。三是合理规划人才培养方式。坚持立德树人思想，积极落实"三全育人"和"五育并举"，依照知行合一的理念进行人才培养，不断提升学生的职业能力、合作能力、认知能力和创新能力等。保证为乡村输送的人才既符合农村发展需求，又能留在乡村，为乡村振兴奉献自己的一分力量。

（二）以发展科技为逻辑主线

科技发展是高校的重要职能。应强调发展应用科学和技术，以解决实际问题。乡村产业振兴迫切需要解决产业发展过程中遇到的现实技术瓶颈。因此，发挥高职院校在人才和技术资源积累方面的创新优势，振兴农村，为农业技术创新服务，顺应技术服务和技术支持的部署、推广，农业发展的对接趋势，建立乡村发展农业创新技术服务体系，以科技创新带动农村产业振兴，是乡村企业发展的客观需要。一是在推进基础技术产业创

新的基础上，促进人才、技术服务、技术创新队伍建设等方面的发展。共享各方已建资源，着力于乡村振兴的技术研发和产品升级。二是服务区域发展和产业转型升级，充分发挥高职院校产业融合和产学研合作优势，加强与地方政府、产业园区、产业的深度合作。共同构建体现学校特色的产业融合平台，推动区域农村产业转型升级。

（三）以服务社会为逻辑归宿

职业教育的主要职能是为该地区的经济和社会发展服务。一方面，充分发挥职业教育功能，面向农业和乡村，整合优质教育教学资源，开展广泛的职业教育培训，提高农民综合素质，引导农民致富。另一方面，技术技能的传递主动促进成果的传播，发挥区域内高职院校专业教师的作用，开展振兴农村的新产品开发和职业培训，并针对科技研究能力不足等问题，促进乡村工业技术研发和产品升级，促进乡村传统工艺、民间艺术的创新。

第三节　高职教育服务乡村振兴路径的创新

随着时代的不断发展进步，我国也步入了一个新的发展阶段，产业升级和经济结构的调整速度逐渐加快，各行各业对技术技能型人才的需求加大，进一步凸显了高职教育的重要性。在这一背景下，全面提升乡村劳动力职业技能培训水平，改善培训效果，不断增强乡村劳动力的综合素质与职业技能，具有非常重要的作用和深远的影响。农业现代化发展的重要使命、城市化进程的不断推进乃至社会长治久安的战略任务，都需要人们不断提高对乡村劳动力职业技能培训的重要性和紧迫性的认识。同时，乡村劳动力职业技能培训是一项系统的社会工程，与当地经济、文化、民生发展有着密不可分的关系，其中涉及农村基础教育、城乡户籍制度、农业科研与推广体系、乡村企业发展等方方面面的事务。

面对这一发展背景，本节在探索新时代高职教育推动乡村振兴战略发展问题的基础上，针对性地提出我国新时代高职教育推动乡村振兴发展战略对策的重大意义。

一、新时代高职教育助推乡村振兴战略的主要动力

（一）转变教育思想，重视和加强农村高职教育发展

对传统的农村高职教育办学理念进行改革是重中之重。对农村高职教育而言，发挥重要作用的是各类职业学校和技能培训机构。21世纪以来，国家虽然扩大了普通高校的招生数量，使得更多的学生可以接受高等教育，但每年仍有40%以上的农村学生无法继续接受高等教育。如果无法对这部分学生进行职业培训，会进一步加大农村劳动力过剩的问题，进一步影响到城镇化进程。

根据这一状况，部分省份制定了一系列相关措施，借助舆论、广播和电视宣传等一系列手段，大力宣扬农村高职教育的重要性。在这一系列手段的影响下，越来越多的学生和家长在思想认识上发生了很大的转变，进一步对农村高职教育有了更加深刻的了解，使更多的农村学生加入农村高职教育行列中来。

对于农村高职教育的发展，要始终坚持"以优良服务为宗旨、以完成就业为导向"的发展理念，在满足市场发展需要的前提下，转变国民计划经济思想；政府需要从传统的宏观调控政策转变为符合新时代新发展的新政策，将调控重点从升学率转移到就业率上来。在新时代的要求下，政府依据市场的需求，将农村高职教育与生产、技术和服务结合，采用新型订单式培养模式，大力提倡创业指导理念，使农村高职教育随之改变。在面对市场发展需求时，各行各业的高职教育必须有相应的办学理念。就农村高职教育而言，不能只强调升学率，应该大力提高就业率。由于在农村职业学校进行学习的大部分是农民，是本地区经济的直接就业者，对于农村的高职教育就要从实际出发，培养出合格的从业人员。这要求有关部门做好相关的高职教育改革工作，以尊重市场为前提，提升自己的综合竞争力。

1. 要考虑到现实的需要，尤其是农民、农业、农村的需要

大力发展农村高职教育和农村科技是为了提高农业、农村和农民的教育和科技水平，推动农村的发展。对农民这一群体而言，最有效的便是满足其实际需求，解决他们眼前的问题。由于目前农民对教育、科技的需求想要得到满足，受众多方面的因素影响，效果也须经过多个环节后才能看到。这要求政府在开展工作解决农民问题时要抓住问题的源头，从根本上解决问题，在每个环节中，都牢记农民的主体地位，才能提高工作效果。由此可见农村高职教育与农村科技工作的重要性，这关系到农村政治、经济、文化、社会发展建设的方方面面。从需求层次上来说，当前的农民群体对教育、科技都有着强烈的需求愿望，或者说，农民不再被动地、单向地接受国家的科教信息和服务，而是主动追求国家的教育、科技资源，迫切想要与相关部门、专家、机构形成一个双向奔赴的关系，并进行互动。我国目前实行的是自上而下的线性模式，注重行政而缺乏沟通，使得农民无法表述他们的迫切需求，政府也无法准确了解到基层的需求，最后导致农村的教育、科技与现实脱节，工作效率低下。由于当前农村对教育、科技的需求具有多样性和复杂性等特点，在进行农村高职教育与农村科技工作时，应牢记"以农民为中心"的原则，突出农民在其中的主体位置，在实际工作过程中，了解农民的实际需求愿望，建立一个完善的让农民能表达的机制。

2. 要强化农民自身对教育、科技需求的意识

较以前而言，当前我国的农民群体在农村高职教育和农村科技成果方面有了很大提高，对教育、科技也更加重视。由于受历史、社会、自身等因素的影响，目前农民对教育、科技的意识还不够强，与当代农业发展要求还存在一些差距。对于部分农民来说，农村高职教育可能并不是他们自己的选择，而是被动接受的结果，对于农业科技也不是主动去追求，所以他们是被"灌输"或以"技术示范"的方式来被动接受知识输出。加强农民群体对农村高职教育和科技的重视程度，改变农民被动接受知识的方式，提高农村人力资源和农业科技水平。而且农民群体具有非常强的效仿

能力，他们虽然不愿意去主动接受新鲜事物，但对于能够给他们带来实际效益的技术、理念却不会拒绝。在提高农村高职教育与科技服务时，一方面可以扩大宣传的范围，另一方面可以依托将科教致富的农户作为典范扩大宣传范围。可以利用网络、广播、电视等方法，渗透农民生活的方方面面，让他们在不经意间接受教育、科技的理念，让他们自己在尝试后觉得对自己有利，能实际解决问题，让他们能从根本上转变自己的思想，学会主动接受相关信息，从而加强农民的教育、科技意识。树立典范时，要大力宣扬，让农民意识到技术对生产的影响，体会到教育、科技的力量，从而提高高职教育、科技在农村的重要性和影响力。

（二）坚持协同发展，构建城乡统筹的农村职教体系

新型城镇化是以城乡统筹、城乡一体、产业互动、节约集约、生态宜居、和谐发展为基本特征，大中小城市、小城镇、新型农村社区协调发展、互促共进。在以人为核心的前提下做到规模、机械、市场、科技"四化"同步，要想推进新型城镇化的进程，就要转移大量的农村剩余劳动力使之市民化。在新型城镇化的发展进程中，我国的农业要实现现代化就必须做到"四化"同步，依靠高技术、高素质的新型职业农民，转移大量农村剩余劳动力成为必然。提高农民素质、促进农民转移是新型城镇化发展的关键。只有转移农民，才能发展城镇化，实现农业化，而想要农民富裕起来的前提也是转移农民。农村高职教育体系是为了保障大量的农村剩余劳动力转为符合现代农业需求的新型职业农民，因此，必须构建一个完整的城乡统筹农村高职教育体系。

1. 培养新型职业农民

新型职业农民是指具有科学文化素质、掌握现代农业生产技能、具备一定经营管理能力，以农业生产、经营或服务作为主要职业，以农业收入作为主要生活来源，居住在农村或集镇的农业从业人员。首先，对于新型职业农民的培育应以市场为导向、振兴乡村为目标，依据农业的产业化、市场化和现代化的需求去制订专属的培训计划，针对农业技术、管理和服务人员，根据市场与乡村振兴的实际需求，选择适合他们自身的培训内容和培训方式，以"订单"的方式进行个性化培育，这样既能分门别类地进行培育，又能单独提高某些农民的突出技能。其次，在培育新型职业农民的过程中，要深入开展调查摸底工作，全面掌握当地农业劳动力状况，以生产经营型职业农民作为重点对象，根据不同类型新型职业农民从业特点及能力素质要求，科学制订教育培训计划并组织实施，构建一个完整的农村高职教育体系。发挥高职院校的作用，通过教师的职能实现资源的共享，拓展教育的渠道与内容，提高培育的质量与效率，让农民接受更加全面而专业的培训，提高农村群众文化、技术、服务等方面的专业素养。最后，当今高速发展的互联网信息技术也可以利用，利用网络推行线上教学，融合线下培训，线上线下相结合，推动高职院校在培育新型职业农民中的作用。积极探索新型的培训模式，如"远程教育+进村入户"等，多方面满足新型职业农民的需求。

2. 构建全新的农村高职教育新体系

以县、乡职教中心为主体，依托城市的高等职业学校和农业大学等。在县城，依据各县域的经济发展、产业机构、产业特色的需要保持原有农村职业体系建设，即以"县—乡—村"三级为基础。第一步便是加大推进县城职教中心的发展，打造出一个集学历教育、技术推广、扶贫发展、劳动力转移培育和社会生活教育于一体的综合性平台，将其服务网络扩大至社区、村庄、合作社、农场甚至企业。第二步，由乡镇领导牵头，打造一个资源整合性的乡级农村高职教育培训基地和成人文化中心，集合乡镇现有的农村高职教育资源，如农技中心、企业、种植基地等，从实际出发，结合理论，培育出新型职业农民。第三步，构建一个完善的沟通机制，连接农村高职教育、城市高职教育和农业大学，完善中高职的衔接机制，打通中等高职教育到高职专科到应用型本科再到专业研究生学历之间的上升机制。在招生、培训、师资等各方面加强合作，让农民也能通过通道自行升学，凭本领就业。如现今推行的对口高考、"3+2"等，就受到广泛的欢迎，所以，乡镇政府可以加大力度进一步推进，扩大其比例。还可推行不同招生方式，如联合招生、委托招生等，或以县招生、城市培养等不同方式进行合作。同时，加强对进城务工农民的培训，做到城乡联动。在农民工进城之前，当地的农村高职教育做好自己的本职工作，对他们进行基础性的知识教育和技能的培训，加强对《中华人民共和国劳动法》等相关法律的宣传，增强他们的就业法律观。另外，对城市生活方式进行介绍，使他们在进城后能更好地融入城市生活。农民工进城务工的城市，要在城市发展规划中加入对进城农民工的教育和培训，如城市社区教育、职业院校等地方教育资源要利用起来，对农民工进行二次教育。

（三）加强政府统筹，完善农村高职教育的保障体系

要想维持农村高职教育的可持续发展，需要建立一个完善、完整的农村高职教育体系，这也是世界发达国家发展的普遍规律，我国也无法避免，因此，我国要在城镇化发展、新农村建设、发展农业现代化、扶贫攻坚工作中发挥出农村高职教育的基础性和先导性作用。要相信，农村高职教育在我国现在和未来的工作发展中都将大有作为。要想搭建一个完善的农村高职教育发展保障体系，我国政府应从法律、投资、组织、督查、后勤等方面进行建设。

1. 完善健全的农村高职教育法律法规的建设体系

我国法律法规方面，有很多都涉及农村职业教育，如《中华人民共和国宪法》《中华人民共和国教育法》《现代职业教育体系建设规划（2014—2020年）》《国家职业教育改革实施方案》等，但这些法律法规都不是专门为农村职业发展制定的。由于我国农村发展的一些特殊性，如在特定时期有着特殊任务、人口多等，且具有复杂、长期、艰巨等特性，我国必须制定专门的与农村高职教育相关的法律。2019年颁布的《国家职业教育改革实施方案》中，对我国职业教育提出了新要求：牢固树立新发展理念，服务建设现代化经济体系和实现更高质量更充分就业需要，对接科技发展趋势和市场需求，完善职业教育和培训体系，优化学校、专业布局，深化办学体制改革和育人机制改革，以促进就业和适应产业发展需求为导向，鼓励和支持社会各界特别是企业积极支持职业教育，着力培养高素质劳动者和技术技能人才。2022年5月1日起施行的《中华人民共和国职业教育法》指出，国家大力发展高职教育，推进高职教育改革，提高高职教育质量，增强高职教育适应性，建立健全适应社会主义市场经济和社会发展需要、符合技术技能人才成长规律的高职教育制度体系，为全面建设社会主义现代化国家提供有力的人才和技能支撑。

2. 加快职业资格证书改革，改进职业教师职称评审方法

制定一个全新的职业教师评定方法。新的教师评定必须制定新的评审方法，上报教育局、人力资源部门及学校部门进行备案。让高校直接拥有自主评定职业教师的权力，将职称评审、自主评价、按岗聘用一条龙的权力全部交给高校。对于无法独立完成组织评审的高校，可委托其他高校进行评审或多个高校联合进行评审。高校在建立新的评价体系、完善专家评价机制时，要将师德表现作为评聘的首要条件，提高教学业绩在评聘中的比重，建立以"代表性成果"和实际贡献为主要内容的评价方式。高校可建立绿色通道放宽对海外回归人才、急缺人才的条件限制，如资历、年限等，灵活评审。

3. 构建完善农村高职教育投入机制

首先，完善政府财政性的高职教育经费投入机制。依法出台一些经费的使用标准，如职业院校经费使用标准、公用教育经费的投入标准、新型职业农民培育经费标准等。中央财政机构应加大对欠发达地区、边界地区、民族聚集地区等地区的农村高职教育经费转移支付力度。其次，完善资本投入的渠道，接受企业、行业、个人等不同社会资本的不同方式投入。通过一系列方式鼓励企业、行业、个人等社会资本的投入，如财税、宣传、社会信誉等，鼓励他们通过捐赠、参股等多种方式推动农村高职教育的发展。最后，可以采用各院校结对子的方式，如县城职教中心和农业大学等院校进行结对定点、定向支持，推进县城职教中心的发展。

4. 加强各级领导的责任义务

中央政府在负责农村高职教育的发展时，制定办学准入、质量、经费投入标准等法律法规，落实中央对特定区域财政上的转移支付力度；省级政府则负责省内的农村高职教育发展的统筹问题，促进自己省域内农村高职教育和经济的协调发展，做好自己本职工作的落实问题；县级政府则是

定期对人大代表汇报教育工作进度，建立以县级领导为主要负责人的完善的农村高职教育联席会议制度，联合农业、劳动、教育、科技等部门各司其职、齐心协力共同为农村高职教育的发展奋斗。

（四）注重内涵发展，提高农村高职教育的办学质量

1. 应合理规划布局农村高职教育的发展方向

根据当地经济发展水平、产业结构和农民教育发展需要，合理、科学地组织农村职业教育，将农村职业教育发展规划纳入城乡发展总体规划。加强基础设施建设，特别是县级职业学校的硬件和软件设施。一些地区职业教育水平仍然落后，农村地区缺少专业教师和实践培训材料，直接导致学生能参加实践活动的很少，实习机会更少。因此，应加大县级职业学校的基础设施建设。根据国家提出的《国家职业教育改革实施方案》，农村高职教育应利用国家的扶贫项目、重点工程的契机，加大对农村高职教育基础设施建设的资金投入。

2. 应培养精通理论、实践能力强的"双师型"教师

加快探索适应我国农村高职教育发展的教师资格的人才选拔方式，以及增加流动性的人事规章制度；加强新任教师准入制度、在职教师培养制度，探索高职教育"学历教育+企业实践"的培养方式，国家教育机构应组织促进专业教师轮岗、积极到企业实习并参与实习基地的实践活动，相关部门还应该制定新任教师岗前接受企业实习制度。与此同时，国家还应引入企业行业的先进技术，并推动合理应用发展。另外，道德水平高的能工巧匠，在经过一定的教育理论培训后，能够在教师岗位任职。

3. 改革创新人才培养模式

改变传统的重理论轻实践的模式，强化"教育与生产、工程相结合"的培养模式；改变以生活技能为基础的教学模式；强化以实践为主的考试模式体系；将学习内容与课外实践结合，构建课程；创新仿真、虚拟化、拓展远程信息教学模式。积极鼓励高职学生实行学历资格双证书制度，大力推行现代学徒制，让更多的高职院校和企业能够在招生培训过程中进行深度合作，培养出具有深厚理论和深厚技能的现代学习型人才。另外，为了促进社会对

高等职业教育质量的认可和提高，可组织持续的职业技能竞赛。

4. 各教育者应健全课程衔接体系

在可能的情况下，可以通过完善的社会经济结构、教育技术升级和满足人民对高职教育的需求，达到高职教育课程建设的标准。首先，必须在高等职业教育的学科、专业和内容之间建立标准化的联系。其次，各级职业学校的教学内容必须与培训机构的基础教育内容相结合，这是人才培养的必由之路。再次，职业教育的内容必须与普通教育课程的内容相结合，使学生能够根据自己的需要在职业教育和普通教育之间自由选择。最后，要培养具有创新能力和实践能力的高素质人才，必须进一步加强高职学生的智力道德发展和对其人文素质的培养。

（五）推动产教融合，发挥企业在高职教育中的作用

首先，要把工匠精神与基础教育结合在一起。在全省中小学课程中要加入实践课，并且把实践内容归到学生综合素质评价中。加强学校劳动教育，开展生产实践体验，积极组织学生观摩学习行业职业技能竞赛，学校也要大力聘请一些专业人员对学生进行授课。要积极组织开办一些贴近实践生活的活动，如"有关高职教育的宣传活动"等。有条件的学校也要开设有关高职教育的课程，这样更易于学生了解职业。一些实训基地可以与普通学校联合，也可以在一些企业中建设基地进行试点，增强高职教育对中小学生的吸引力。

其次，推进校企、产教协同育人，完善招生配套改革。推动学校与社会的对接，比如，上课的内容与教学的过程可以与职业相关对象进行对接；紧贴企业岗位改革教学方式方法，开展项目教学、案例教学、场景教学；鼓励校企合作开展各类竞赛，进一步推动试点工作的进行，分为国家、省、市、校四个等级进行试点工作。在试点过程中不断开发与企业相对接的平台，完善教学，从而制定出严谨、准确的教学标准，明晰学校、企业和学生三方的权利。职业学校实践性教学课时不少于总课时的50%。

最后，完善产教融合师资队伍建设机制。落实教师队伍建设改革、高校办学自主权有关政策措施，不断探索方法，找到适合高职教育与应用型学校的职务评定方法，建立一个"双师型"认准的标准。支持企业技术人才和管理人才到学校任教。鼓励高等学校聘用具有行业企业工作经历的教师，从而建立一个培育"双师型"的机制。在这个机制中，学校的专业课老师必须在5年中有不低于6个月的实践时间，或每2年不低于2个月的实践时间，新任教师前3年必须在企业至少实践6个月。

二、新时代高职教育助推乡村振兴战略的组织保障

（一）基于中央政府视角下的高职教育助推乡村振兴战略

要想促进农村高职教育的发展，就要全面发挥出农村教育下的劳动分工功能，进一步促进农村经济的增长，这就要求中央政府重视财政支出的政策功能效用。结合目前我国经济社会发展的现实，我国政府必须提高对农村基础、职业、成人教育的重视程度，加大投入力度。

第一，加强对农村基础教育的投入力度，能更大限度地发挥出农村高职教育的劳动分工功能，进一步促进农村经济的增长。目前，社会大众也更加关注如何更加科学合理地教育农村下一代。作为这个问题的重要一部分，农村的幼儿、小学、中学教育也逐步得到社会的高度重视和广泛关注。受农村经济发展滞后带来的影响与制约，农村幼儿、小学、中学教育难以满足当前农村经济社会发展的需要，这一表现在中西部边远山区尤为明显。在此基础上，我国政府应制定专门的政策，从地方经济发展的现状出发，强化农村的财政转移支付力度，尤其是中西部广大农村的教育方面，根据现实来有效满足农村居民对农村教育的需求。

第二，加强对农业高职教育的投入力度，从而更好地发挥农村高职教育的劳动分工功能，进一步推动农村经济的增长。为了进一步发挥农村教育的劳动分工功能，强化农村高职教育的投入力度，农村高职教育的发展不可忽略。由于我国的实际情况，农村高职教育的发展受到许多因素的限制，发展状况并不尽如人意。仅仅依靠地方政府的财政收入明显很难满足农村高职教育的发展。从发达国家的经验来看，教育支出占国内生产总值

是与经济社会成正比的。但从我国的情况来看，即使我国的经济实力比较强，经济总量也比较多，但教育支出占比却偏低，与经济社会发展是不相符的。改革开放以来，观察我国对教育的实际投入，可发现：在整个高职教育投入比例中，农村高职教育投入占比比较低，这与农村经济社会发展地位是不相符的。中央政府应该在教育支出方面全面分析，根据实际比重采取相应的支出倾斜的高职教育投入体制。在这个过程中，更要充分考虑到经济社会发展的实际情况，要对欠发达的农村高职教育发展充分重视。

第三，加强对农村成人教育的投入力度，从而更好地发挥农村教育的劳动分工功能，进一步促进农村经济增长。中央政府既要强化对教育发展的投入力度，又要实施引导性的扶持政策，调动地方办学主体对成人教育投入的积极性，从而全面且有效地推动农村成人教育的发展。一方面，中央政府需要在了解农村成人教育的前提下加大对农村成人教育的投资力度，从而扶持该教育机构的健康发展；另一方面，中央政府更应该通过一些财政支出来支持和引导农村成人教育办学的积极性，从而促进教育事业的发展。

（二）基于地方政府视角下的高职教育助推乡村振兴战略

根据我国目前的教育投资体制，对于教育事业的发展，不仅需要中央政府的财政支出，还需要地方政府引起重视。具体措施如下：

1. 加强对农村教育的投入

根据我国农村的发展状况，农村教育逐渐被社会关注和重视。就这样，无论从哪个角度看，我国对农村教育事业的投入都跟不上实际所需。所以在中央对农村教育进行大量投入的同时，地方政府要实施配套的投入方案。一方面，要满足当地农民对教育的需求，开发农村的教育资源；另一方面，地方的财政支出要保证对农村教育事业的投入，为农村的教育发展奠定相应的财力基础。如今的实际情况是，地方财政对农村教育事业的投入是比较少的，许多地方的农村教育被划到了高等教育。一个原因是地方政府能力有限，没有多余的资金投入农村的教育建设；另一个原因是当地政府的重视不够。

2. 要重视农村高职教育

根据国家规划，进行配套的投入。高职教育的发展随着经济的发展不断引起社会的关注，国家还为高职教育事业的发展出台了许多政策。宏观来看，我国的高职教育已经达到了一种高水平的地位，但是由于多方面的原因，在农村，高职教育远远低于经济发展的需求。农村与城镇相比，城镇的投入需求更低。也就是说，国家要从硬件和软件两个方面来对农村的高职教育进行投入。当国家投入满足不了时，就要加强地方对农村高职教育事业的投入。地方政府可以采用直接和间接投入的方式。直接投入即直接进行资金投入，而间接投入则可以通过多种途径来对农村高职教育进行投入。

（三）基于相互协作视角下的高职教育助推乡村振兴战略

劳动分工功能对农村教育发展有很大的影响，充分发挥其功能，从而促进经济的增长，不但需要国家的大量财政支出，更需要地方政府的配套投入。

首先，中央要加强监督与管理。这就需要各部委积极承担职责，采取各种各样的方法与手段。比如，财政部应该按照规定保证资金精确投入到位；审计部要根据国家政策对地方的资金进行审核，严格把关每笔资金的使用情况，按规定使用。对于服从国家指令的地方政府要及时进行奖励与鼓励，但对于违规违纪的地方政府要采取相关措施进行严惩。只有这样，教育经费才能够真正投入教育事业中。

其次，地方政府也要加强自律，要重视农村教育事业的发展。地方政府只有将农村教育发展好，才能够更有效地发挥劳动分工功能，从而促进地区经济的整体发展。地方政府也要积极地寻求教育经费，从而推动教育事业的可持续发展。尤其要对农村教育事业有足够的重视，要将其纳入规划之中。另外，地方政府要合理分配资金，统筹规划，严禁滥用经费，杜绝浪费现象的出现。

三、新时代高职教育助推乡村振兴战略的具体对策

（一）新时代高职教育助推乡村振兴战略的政府支撑对策

1. 加大对农村地区教育的财政投入

研究表明，财政投入资本与农村人力资本成正比，即政府对农村教育投资越高，农村人力资本增长越多，从而促进农村人力资本知识水平提升；农民受教育程度越高，知识水平便越高，这对农村经济发展、农村人均收入增加发挥着显著作用。就农村发展现状来说，农村教育投资主要来源于政府财政投入。

鉴于目前高校发展状况，政府应扩大高校经费的使用权，不断完善相关的高校拨款制度，优化拨款结构，提高经常性经费预算，加大基本保障力度。改进完善项目管理方式，完善资金管理方法，采用额度管理、自主调整等不同措施，以扩大高校项目资金使用力度。学科建设、科研课题等专项资金及专项工作，原则上不要求高校按固定比例硬性配套。赋予高校一定预算调整权限，简化调整程序，高校可按政策自行办理支出预算经济分类项级科目调剂，报主管部门和财政部门备案。进一步完善高校国库资金支付方式范围划分，扩大财政支付范围。

扩大高校资产采购权和处置权。对具备组织政府采购能力和条件的高校，经主管部门和财政部门同意后，允许按照政府采购法律制度规定，自行组织采购，自行选择评审专家。适度提高资产处置的备案和报批标准。高校自主处置已达使用年限并且应淘汰报废的资产取得的收益，留归高校，纳入学校预算，统一核算、统一管理。税务部门也应执行好各项关于高校的税收优惠政策。各高校要牢固树立勤俭办学理念，强化高校资产管理的主体责任，建立健全国有资产监督管理责任制，提高内部控制水平，防止国有资产流失。与此同时，高校应依法接受审计监督。

简化高校基本建设项目审批程序。列入国家或省政府批准的相关规划的项目，或总投资低于1000万元且无须新增建设用地的项目，不再审批项目建议书，直接进入可行性研究报告审批程序。总投资低于1000万元的项

目，可以简化可行性研究报告编制内容，不编制和报批初步设计及概算，其建设投资按可行性研究报告批复的估算投资额进行控制。

2. 合理引导优质师资流向农村地区

农村地区教育质量的高低取决于农村师资队伍的优异与否。对此，可以从师资培养、教师待遇、教师发展前景等方面吸引优质教育资源流向农村地区。

（1）师资培养方面。因地制宜，结合农村地区，尤其是偏远地区和民族地区，针对这些地区的特征，选拔一批优秀学生接受更优秀、更高层次的免费师范生教育，规定师范生毕业后在家乡从事教育行业的最低年限。我国尽管实行了免费师范生教育，但高等师范学院覆盖面小、对学生要求高、招生数量有限，毕业生服务范围窄，效果有限。在未来，免费师范生教育应面向民族地区、偏远地区，实施院校也应向普通高等师范学院开放，从而培养出适宜农村地区的师资队伍。与此同时，应加强农村地区与城市的交流，定期选派农村教师到城市学校或高校进行交流学习，提高师资队伍教学能力。

（2）教师待遇方面。政府应提升财政对农村地区教师队伍的补贴力度，促进农村、城市地区教师队伍待遇一体化、公平化。民族地区教师队伍在待遇方面应更高于其他地区。国家可以把农村地区的师资力量纳入公务员体系，如此，既提高了教师待遇，也提高了教师的社会地位。

（3）教师发展前景方面。对于在农村地区扎根的教师，可以在评优、评先、进修学习等方面提供适当优待；对于城镇教师在农村短期支教的，可以给予物质和精神上的鼓励，并且在今后的评优评先中，享有优先权；政府应继续加大推动各高校毕业生在农村支教的力度，在政策上鼓励和支持高校毕业生扎根农村、服务农村的教育事业。

3. 合理调整农村地区整体教育结构

在高职教育方面，首先，政府在大力发展基础教育的同时，应不忘发展高职教育。政府可以建立农村高职教育发展专项基金，实现专款专用；鼓励、引导具备学习能力的农民参与高职教育。其次，要促进思想解放，突破"唯学历论"的陈旧观念，宣传"任何劳动只是社会的不同分工合作，没有高低贵贱之分"的理念。实行校企合作，鼓励企业高层领导来校讲学，指导学生学习专业技能，引导企业就地培训，提升学校就业率，吸纳毕业生就业。这有利于学生了解学习专业的前沿技术，掌握实用专业技术，在提高学生学习能力的同时，增加就业渠道。最后，在农闲季节，提升农业、林业、牧业、渔业、果业等专业的种植栽培技术，增加养殖技术的课程，引导农民学习，并在学习费用上给予照顾，这样既有利于充分利用学校学习资源，也有利于提高农民生产的使用技能，培养新型农民。

（二）新时代高职教育助推乡村振兴战略的社会治理对策

在习近平新时代中国特色社会主义思想的指导下，全面贯彻党的十九大和十九届二中、三中全会精神，紧紧围绕统筹推进"五位一体"总体布局和协调推进"四个全面"战略布局，按照实施乡村振兴战略的总体要求，坚持和加强党对乡村治理的集中统一领导，坚持把夯实基层基础作为固本之策，坚持把治理体系和治理能力建设作为主攻方向，坚持把保障和改善农村民生、促进农村和谐稳定作为根本目的，建立健全党委领导、政府负责、社会协同、公众参与、法治保障、科技支撑的现代乡村社会治理体制，以自治增活力、以法治强保障、以德治扬正气，健全党组织领导的自治、法治、德治相结合的乡村治理体系，构建共建、共治、共享的社会治理格局，走中国特色社会主义乡村善治之路，建设充满活力、和谐有序的乡村社会，不断增强广大农民的获得感、幸福感、安全感。

1. 强化基层政府的社会治理职能

（1）加强组织领导。各级党委和政府要充分认识到加强和改进乡村治理的重要意义，把乡村治理工作放在首位，将其纳入经济社会发展总体规划和乡村振兴战略规划，在部分乡村地区进行试点工作，及时发现、研究、解决工作问题，将加强和改进乡村治理工作纳入乡村振兴考核。将党组织领导的乡村治理工作作为每年市、县、乡党委书记抓基层党建述职评议考核的重要内容，层层推动落实责任，各省（自治区、直辖市）党委和政府积极贯彻落实，每年向党中央、国务院报告推进实施乡村振兴战略进展情况时，要将乡村治理工作情况作为重要内容。

（2）建立协同推进机制。严格落实责任，加强部门联动关系，建立辅助乡村运行的激励机制。党委农村部门要充分发挥带头作用，强化统筹协调、具体指导以及督促落实，针对乡村治理工作开展督导，并对乡村治理政策实施情况开展评估。组织、宣传、政法、民政、司法、行政、公安等部门要按照各自职责，强化政策、资源和力量配备，强化工作指导，做好协调配合，从而形成工作合力。

（3）强化各项保障。各级党委和政府应加强乡村人才队伍建设，充实基层力量，对第一书记、驻村干部等围绕乡村治理工作的人员进行培训，这样更有利于其开展乡村治理工作；聚集各类人才资源，引导农村致富能手、外出务工经商人员、高校毕业生、退役军人等在乡村治理中发挥作用；加强对乡村社会治理设施装备的保障，落实乡村治理经费，切实保障村干部基本报酬，建立健全与绩效考核相挂钩的报酬兑现机制体制，有计划地对村干部进行定期培训。坚决杜绝形式主义、官僚主义，让基层干部从繁文缛节中解脱出来。进一步激励干部新时代、新担当、新作为，坚持为人民服务，鼓励各地创新乡村治理机制。各基层政府组织开展乡村治理示范村镇创建活动，大力宣传乡村治理先进典型，营造良好的舆论氛围，从而达到乡村治理的目的。

（4）加强分类指导。各级党委和政府要因地制宜，结合本地实际，围绕加强和改进乡村治理的主要任务，分类制定落实措施。对于普遍需要执行和贯彻落实的政策，政府要加大工作力度，逐级落实责任，明确时间，尽快取得乡村治理成效。对于乡村治理需要继续探索的事项，组织开展各村试点，勇于探索创新，及时总结经验，改正不足，加快试点推广。对于鼓励提倡的做法，有针对性地借鉴实施，形成适合各村的乡村治理机制。

2. 健全基层政府的制度法律体系

（1）要完善和细化与村民自治有关的相关规定，使村民自治制度更加严谨，操作更加便捷。同时，建立起法律救治制度，用来处理在村民自治过程中小概率出现的违法违规事件，做到监督有力，让村民投诉有门。法律是用来约束人的行为的，所以农村社会治理的管理者也是受法律约束的。法律在其中的重要性不言而喻，法律也是无法替代的。自中华人民共和国成立以来，我国村民就实行自治制度，以法律的形式对村民的行为进行约束和规范。

（2）保障农村社会工作进行时的有序性和可持续发展性，尽快建立健全各项法律法规。我国农村社会的保障立法应在原有的完备社会保障法律的指导下，进一步推进农村社会的保障。从社会保障的各个方面确定生硬的法律法规。我国作为农业大国，拥有大量的农民人口，导致我国在社会保障工作上难度系数急剧增加。各级地方政府要制定一个适合本地区的地方性法律法规，以此来保障本地区的广大农民的权益，保证本地区的农村社会保障工作顺利展开。有了法律法规的保障，执法工作才有指导，才能加强执法队伍的建设，让法律法规落实到农民的权益上。

（3）加强宣传农村社会的保障工作，让农民对自己的知情权有了解，这对农民了解自己的生存和发展有着重要意义。到2020年，现代化的乡村治理制度框架和政策体系才基本形成，农村基层党组织要发挥好自己战斗堡垒的作用，以党组织为领导，加强建设，推动村民自治、村级议事制度及乡村治理体系的完善。到2035年，乡村的公共服务、管理、安全保障水平都有明显提高，以党组织为领导的乡村自治体系更加完善，乡村社会的治理基本实现现代化。

3. 创新农村的治理体制机制建设

（1）建立一个新的体系。这个体系以基层的党组织为领导，村民的自治组织和监督组织为基础，集体经济和农民合作组织为纽带，其他经济为补充。让村党组织全面负责领导村民委员会和村内的监督委员会，集体经济组织、合作组织及其他社会组织。村民委员会要履行自己的自治性组织功能，增强村民的自我管理、教育、服务能力。村务的监督委员会要发挥自己在村务上的监督作用，在村务的决策和公开上及财产管理等方面实施监督，而集体经济组织要发挥自己在管理集体经济等方面的作用。

农民自行组织的合作组织和其他社会经济组织则要按照国家的法律法规行使自己的职权。村党组织书记则通过法定的程序担任村民委员会的主任和村级各组织的负责人。村"两委"成员应该交叉任职。村内的监督委员会主任一般应由党员来担任，而成员可以由非村民委员会的成员来兼任。党员应在村民委员会及村民代表中占据一定比例。

（2）健全一个村级的讨论机制。将全村的重要事项和重大问题由村党组织代表研究讨论。落实国家颁布的"四议两公开"。加强基本队伍、活动、阵地、制度、保障建设，实行村内党组织带头人带动整体进行优化提升行动，整顿村党组织涣散问题，做到整乡推进、整县提升，推进村级集体经济的发展。落实村"两委"换届候选人联审机制，防止候选人以贿赂等不正当的手段来影响换届，严厉打击那些干扰破坏村"两委"换届的黑恶势力和宗族势力。将受过刑事处罚和存在村霸、涉黑涉恶涉邪教等一系列问题的人，清理出本村的干部队伍。落实好县乡党委对乡村治理的主体责任，推进农村基层党组织的建设和对乡村的治理。落实乡镇党委的责任，乡镇党委的书记和成员要做到包村联户，入户走访，及时发现村内的问题并进行解决。健全村级组织经费保障制度，做到以财政投入为主，稳定村级组织干部。

（3）建立"互联网+"的组织机制。发展互联网与农村党建相结合的组织机制，建设一个完善的农村基层党组织信息平台，优化全国党员干部的远程教育，推广网络党课教育的发展，提升乡村治理的能力。将党务、村务进行网上公开，让民众能了解当前乡村发展情况。发展互联网与农村社区的组织机制，提高村内信息化的水平，大力推动乡村的建设和信息化的管理，推进乡村委员会的规范化建设，进行线上组织帮扶，培育村民的公共精神。发展互联网和公共法律服务的组织机制。建设一个法治乡村。依托国家的一体化在线服务平台，推广现行模式的改革，推动网上政务服务的进行，让群众办事更加便捷。

（三）新时代高职教育助推乡村振兴战略的产业发展对策

要想推动乡村的振兴，实现产业兴旺是其重要基础之一，是解决农村问题的前提。乡村产业发展于县域，以农村的资源为依托，以农民群体为主体，以农村产业的融合发展为路径，是一个具有地域特色、活跃且丰富的农村产业。我国农村创新创业的环境得到了很大改善，许多新产业大量涌现，乡村企业的发展得到推动，但也存在许多问题，如产业不全、产业链短、活力不足、效益不高等。这些都离不开政府的引导和扶持。为了促进乡村产业的振兴，提出以下意见：

1. 科学合理区域布局，优化产业空间结构

以习近平新时代中国特色社会主义思想为主导，全面贯彻党的十九大，十九届二中、三中全会的精神，落实高质量的要求，坚持农村优先发展的总方针，以实施乡村振兴为战略的总抓手，以农业的供给侧结构性改革为主线，围绕农村的产业融合发展，与脱贫攻坚工作相结合，充分挖掘农村多种功能产业，聚集农村资源，引领农民创新；突出产业集成，延长产业链，提升产业的价值链，培育发展出新动能，加快构建一个完善的现代化农业产业体系和生产体系及经营体系，推动城乡融合发展格局的形成，为现代农村的农业现代化奠定基础。因为城镇化进程的推进和产业结构的调整，劳动力就业结构也随之发生巨大变化，而农村高职教育作为教育的重要部分，也要随之调整自己教育结构的布局，让学校的课程与城市化进程的产业结构相适应，提高劳动力转移的就业率。就目前而言，发达地区的产业结构发展是较为合理的，三次产业的结构也形成了现代化，所以农村高职教育在专业设置上要以第二、第三产业为主。在某些发达地区，第一产业占比仍是最高的，因此在设置专业时要面向第一、第二产业，培养该方面的人才。具体可以从以下几个方面分析：

一要强化县域统筹。政府在县域内统筹考虑城乡的产业发展，来合理规划乡村产业的布局，形成城镇、中心镇等层次分明、分工明显的格局，推进城镇化的进程，做到城乡相互联结、相互沟通、资源共享。完善县域类综合服务功能，构建技术研发、人才培育、产品营销合作统一的平台。

二要推进镇域产业聚集。发挥乡镇的纽带作用，上连县下连村，支持地方建设以乡镇为中心的产业集群。支持农产品的流通向乡镇集中。引导乡镇发展自己的特色产业，加快要素聚集和业态创新，以此来带动周边地区的产业发展。

三要促进镇村联动发展。引导农村农业企业与农民合作，实现新模式

化的发展建设：加工在乡镇，基地在农村，增收在农户。支持乡镇发展劳动密集型的产业，引导农村建设农工贸专业村。

四要支持偏远地区的产业发展。继续加大对该地区资金、技术等要素的投入，巩固扩大产业扶贫成果。政府要支持贫困地区开发具有自身特色的资源，发展自身的特色产业。激励农业产业的龙头企业与偏远地区合作，共同创建绿色食品、有机农作物产品生产基地，带动当地农户发展，让他们进入世界大市场。

2. 结合地方产业结构，加强特色专业建设

要想推动地方经济的发展，地方支柱产业和特色产业是必不可少的因素，是经济发展的重要动力之一。要想推动这些产业的发展，则需要大批的相关人才。

而农村高职教育作为培育人才的重要途径之一，必须准确了解当地产业结构发展方向，整合当地现有的教育资源，建立起与地方支柱产业相适应的特色产业，发展成为重点专业，形成有特色的品牌专业。让农村高职教育的发展更加合理，能更加适应地方经济的发展。

对于当前专业的设置，尤其是涉农专业的设置，其在农村高职教育学校所占比例的高低是农村建设是否自觉服务的重要表现之一。在当今社会，全国的涉农专业都逐渐萎缩，而当地农村高职教育学校更应站在更高的角度对本校涉农专业进行建设。一方面，可与当地特色产业重合，增强涉农专业与地域性的契合；另一方面，要规范本校现有涉农专业，举办具有自身特色的专业品牌，从实际出发，立足当前，考虑长远，引领专业建设的长远发展。

农村职业学校的涉农专业要根据当地的特色来发展。一个特色产业作为该地区的"名牌"，对于该地区的发展有着重大意义。为了配合当地农业产业的发展，一般农村职业学校会设置相关的专业来培养相关人才。在设置相关专业时，首先要确定自己地区的优势产业，了解产业分布情况。进行市场调研是设置专业之前最为重要的一个环节，经过市场调研、评估以后才能在当地农业产业特点的基础上设置相关专业产业。以陕西的合阳县为例，合阳县位于关中平原，是一个以农业发展为基础的大县。合阳县的农

产品经济作物以苹果、红提葡萄为主要产品，在陕西乃至中国都是有名的国家级无害水果生产基地。合阳县的农村高职教育也适应了当地农业生产特色，设置了与果蔬花卉相关的专业，与此同时，还设置了与农村经济综合管理有关的成人教育相关专业。其次农村职业学校的专业设置要与当前社会相联结，将自己产业发展的方向与市场变化相结合，及时改变自己的专攻方向，发展属于自己的农业特色产品，为本地企业打造特色品牌提供支持，做到适时开发，适度超越。目前，农村的规模化发展已是主流，但随着时代的发展，各地的农业产业经营形势在发生变化。农村高职教育学校必须有着超前的眼光来合理规划本院校涉农专业。

另外，要提高职业学校的农业专业的教学质量。针对某些职业院校所发现的问题，如开设的专业虽然紧跟农业的发展，但培养的人才却无法满足农业生产的需要，建议职业学校在原有的基础上，通过市场调查去了解现代农业的相关信息，了解现代农业与传统农业的差异，据此来重建涉农专业的相关知识。那些有着悠久历史的农村职业学校，其涉农专业历经多年，依然处于传统落后的地位，无法适应现代社会的新发展，如果不能在原有基础上进行突破，则很可能在涉农专业方面落后于人。在大多数发达国家中，也有通过农村高职教育推动地区发展的历史，甚至涉农专业对国家发展发挥重要作用，推动国家经济的发展，成为支柱之一。究其原因，还是与涉农专业的时代性和开放性有关。就日本来说，日本的农村高职教育学校就十分注重专业特色，设置的专业与当地特色产业相结合，也注重结合当地产业的需要，两者密切联系，使日本的农村职业学校走上特色化的道路。与此同时，日本的职业学校会根据社会发展的变化进行专业的调整。从20世纪90年代至今，为适应农业发展的变化，日本已在原有农业基础上做出许多改变，在农村高职教育方面分化出农村经济科专业，加强金融方面知识的教育；在食品产业进行大改革时，日本教育部门适时增加食品加工专业和食品流通专业。从发达国家的经验来说，只有不断进行建设，才能使国家的农村高职教育保持新鲜的生命力。我国可借鉴发达国家的经验，在面对我国农业产业结构升级时，一是农村职业学校可在原有基础上进行升级或淘汰；二是根据本地的特色，将传统专业办出现代特色，使专业更具活力；三是适应农业产业链的发展，完善专业的设置。

3. 推进农业产业转型，创造就业机会

将农业进行产业化经营，不仅能给农民带来收入，也能对我国的农业发展起导向作用。这既促进了我国农业一体化的发展，也对农业资源的循环利用做了合理安排，既能节约农业资源又能增加农业利益，使农民实现产业增收。在农业生产过程中，只有实地考察当地的农业发展水平，将我国的小农业与世界市场的大农业进行接轨，才能实现我国农业的转变。挖掘当地目前的农业产业优势，加强对农民的培训，使农民能持续对农业规模进行经营，实现农业产供销一体化，以此促进农民的增收和产业结构的升级，也能为农民提供更多的就业岗位，增加就业机会。政府要做的便是扶植本地龙头企业，以先进的管理方式、强大的经济储备、先进的技术促进农村地区企业的发展。政府要重视农业的产业化经营，加大资金支持，使其逐渐达到商品化和工业化。以农业产业为主导的乡镇地方的中小企业也要做出一些改变，以此来适应当前社会形势的发展，积极提升自身的水平，大力发展农产品的再加工，这样农业产业化经营便可以达到就地经营的目的。为解决当地农村剩余劳动力的问题，也可利用当地的农产品资源为广大农民创造更多的职业岗位。

4. 突出区域优势特色，培育壮大乡村产业

根据我国国情，可以从以下几个方面发展地方特色经济：

（1）把现代种植业、养殖业做强。不断推动产业组织的创新。推动种植业向"四化"的方向发展，即规模化、标准化、品牌化和绿色化，从而进一步延伸产业链，提高产品的竞争力。还要巩固粮食产能，对基本的农田加强保护，巩固农田生产基础；也可以对一些特殊农产品建立保护区，从而进一步提高农产品的产能。还要加强对畜禽产能的建设，只有动物的免疫力、防控力等能力提高，产量才能得到保证。进一步推动奶业及渔业的发展与升级。在发展种植业与畜牧业的同时，也要发展林业和林下经济。

（2）把本地特色产业做精。可以根据当地的特色，培育以及种植特色

产品，使产品丰富化、多样化、当地化。在种植当地产品的同时，也要加强对环境的保护，保证产品的可持续发展，从而推动当地特色农产品的发展。鼓励当地居民建设农村生产工厂，支持当地居民生产特色食品、手工业等当地产品。充分利用当地的非物质文化遗产，将传统发挥到极致。这样既保护了传统工艺，又能促进当地产业的进步，延长生产链。

（3）不断提升农产品的加工流程。政府要大力鼓励当地农民发展农产品加工业，可以创办一些深加工基地。当地农民要积极参与农民合作社的农产品初加工。例如，可以到一些专业的村镇去学习农产品的加工，加强对农产品的运输以及储存的管理，从而进一步延长产业链。

（4）对当地的乡村旅游业及服务业进行优化。增添一些功能齐全的休闲区，如观光公园等，充分利用当地的环境优势。可以试点一批乡村旅游的重点村，建设一些休闲农业的示范县，从而带动乡村旅游业的发展与进步。推动农村批发零售业发展，不断服务农村经济的发展，促进乡村旅游业优化升级。

（5）促进乡村信息产业的发展。把"互联网+"带入农村，推动农村现代化发展。全力推动数字化农村发展建设，使得信息进村入户，从而完善国家数字化农村建设工程。预计至2025年，农村数字化发展将取得重大进步，推动农村电子商务以及快递物流业的发展。在科技迅速发展的时代，农村要不断普及4G、创新5G，缩小乡镇与农村的数字鸿沟。不断培育出集创新创业为一体的新农村创业中心，生产出一批批高技术的农村电商产品，并保持用乡村物流配送体系。全面建成数字乡村的目标要在21世纪中期完成，把乡村全面振兴成"业强、村美、民富"的乡村。

5. 促进产业融合发展，增强乡村产业聚合

要在农村培育多元融合的主体。在保证农业龙头企业发展的同时，也要发展粮食主产业以及推动特色产品的聚集。实施家庭农场的培育计划，鼓励龙头产业带动家庭产业以及小农户参加的产业，使农业合作社以及家庭农场进行合作，不断地融合成主体，实现龙头产业与家庭产业的优势互补，利益共享。辐射带动力强的龙头产业要带动新兴家庭产业。

（1）发展多种类型的融合企业状态。可以采取跨界的形式对产业进行交叉融合，合理地配置农业与现代产业，形成一个以"农业+"为主要特点的发展方向。一是不断地推动种植业与林业、牧业、渔业等产业的融合；二是加强农业与加工业的融合；三是推动农业与文化旅游业的融合等；四是推动农业与信息的融合，不断发展数字农业、科技农业。

（2）建立产业融合的载体。在本县地区资源的基础上，突出主导产业的同时，建立一批现代化农业园或者小镇。有条件的地区可以创建一批农业产业融合的示范园，进行试点。从而形成一种新的发展格局，即多主体、多要素、多业态的发展格局。

（3）建立一个利益联结的机制。在农业产业与小户农之间形成一个契约型、股份型的合作方式。在利益分配时，将利益分配的重点偏向产业链的上游，来增加农民的收入，从而促进农民生产积极性。不断完善农业股份机制以及利润分配机制，探索出多种利益分配的模式。开展多种经营的试点工作，从而带动农业企业与小农户的正常合作。

（四）新时代高职教育助推乡村振兴战略的教学资源对策

1. 强化农村高职教育师资力量

农村高职教育发展与师资水平有密切联系。观察国外的教育数据可以看出，发达国家极为重视师资队伍的建设，并且从事高职教育的师资应具有由政府颁发的教师资格证书，政府还特别强调了高职教育教师实践经验的丰富度和教学基本理论的掌握程度。由于我国部分省份师资队伍水平相对较低，农村高职教育的发展在很大程度上都被制约了，政府应采取有效措施来促进农村高职教育的发展，但当务之急是提高全体教师的专业水平。

具体应该做到以下几个方面：

第一，应从各方面增加农村高职教育的师资来源，以此来增加教师数量。但是，农村职业学校无论是在地理位置上，还是在薪资待遇上都缺乏对教师的吸引力。在这方面政府需要制定特别的优惠政策，不仅要提高职业学校教师的地位和经济收入，同时也要解决好教师住房、子女上学等具体问题，从心理上鼓励更多的教师到农村职业学校任职，以确保农村高职教育的持续稳定发展。另外，还应外聘有过硬专业技术，并且符合农村职业学校资格条件的人才到学校任教，这样不仅能让学生学习到最新的专业知识和先进的技能，而且还可以帮助农村职校节约资源，降低办学成本。

第二，对于农村职业教师的选拔，政府也应制定较为严格的标准，人才的选拔改为政策的吸引与实践能力高标准相结合，从而吸纳更多的优质教师，快速且高效地为农村职教的发展注入新鲜的血液。

第三，政府还应出资建立农村高职教育教师的培训基地，让不同程度水平的教师不断地接触到新知识新技术，从而提高整体教师队伍的教育水平。同时，还要加强职业技术教师之间的交流和学习，农村职业学校的教师还应该积极到城市职业学校参观学习，拓宽视野，多借鉴城市高职教育好的方面，并对自己的教学整体思想进行调整。

第四，好的教师是高质量教学的品质保障，但是职业技术教育不同于普通的教学教育。从理解意义上看，职业技术教育更注重培养学生的动手实践能力，实训基地也是职业学校教师实现教学质量的一个平台，所以实训基地的构建对于职业技术学校来说是一个必不可少的条件；实训基地的构建可以由政府在政策和资金上予以扶持，并在校企合作上促进双向沟通。

2. 建立多元化的经费投入机制

与普通教育相比，高职教育更需要大量的资金投入建设实训基地中，从而更好地培养学生的实践技能。政府应加大对农村发展的关注程度，真正重视农村高职教育的发展状况，并充分了解农村高职教育的各种需求，再结合当地的经济发展状况，因地制宜，给予适当的经济和政策支持，来保证农村高职教育的稳定发展。

（1）鼓励扩大社会投入。国家支持社会力量发展教育，逐步提高社会贡献在教育经费总额中的比重。同时，各地政府要加强落实高职教育补助和土地流转政策，依法实施税收减免政策，加大社会力量对教育的引导力度，完善社会捐赠收入的税收比例政策。按照规定实施公益捐赠税收优惠政策，在很大程度上发挥各级学校教育基金会吸引社会捐赠；加大利用外资力度，积极争取符合条件的赠款、贷款项目。

（2）完善教育收费调整机制。政府必须禁止任意延长免费教育政策的执行期限，完善在中小学实行课后服务收费政策。完善非义务教育成本分摊机制，从教育成本、经济发展状况、人民承受能力等方面考虑，制定合理的学费标准（保育教育费）、住宿费标准，并根据助学金制度、资助水平等条件，建立动态的学费调整机制，自费来华留学生的学费和住宿标准由学校自行制定。

（3）全面加强教育经费管理。一是规划实施政府会计制度改革等要求，拨出部分资金加强学校内部控制建设，落实和完善资金管理制度，努力通过制度机制和信息化手段实现控制。学校要加强学校财务、教育管理等队伍建设，努力完善教育财务管理干部定期培训制度。二是健全预算控制机制。加强预算执行情况的事前评估，逐步扩大预算编制和项目支出审查范围，加快预算执行；加强预算执行的监督管理，强化预算执行约束；加强关于监测各级教育经费执行情况的统计报告，并将管理教育经费的使用列为教育计划的优先事项；加强对教育内部审计的监督，提高内部审计质量，加强内部审计结果的利用，强化审计整改责任，促进内部整改的改进，促进党政经济责任审计的平等责任，实现对领导干部经济责任审计的全覆盖。另外，还应研究建立中小学校长职务经济责任审计制度。

（4）全面实施预算绩效管理。政府应把绩效管理深度融入预算编制、执行、监督全过程，并逐步将绩效管理范围覆盖所有财政教育资金，建立并完善体现教育行业特点的绩效评价体系。政府还应强化预算绩效目标管理，开展绩效目标执行监控，加强对学校的动态绩效评价，及时削减学校低效或无效的资金使用。更应强化绩效评价结果应用，加大公开绩效信息的力度，将绩效评价结果和绩效目标执行情况作为编制预算、经费分配、完善政策、改进管理、优化结构的重要依据，也作为领导干部考核的重要内容。另外，学校更应该坚持厉行勤俭节约办教育的做法，严禁"政绩工程""形象工程"的出现，严禁超标准建设豪华学校。

3. 改变农村高职教育供需错位

农村高职教育承担着许多的任务，其中最重要的一条就是培育出一代又一代现代职业农民。农民接受了农村高职教育后，其所具备的技能就会得到提高。只有这样，在农民接触新型农业技术时，才能够真正地掌握并且将其付诸实践，进一步促进农村经济的发展。但是在这个过程中，遇到了许多问题，导致高职教育无法将其作用发挥到极致。产生这些问题的原因，就是在这个过程中没有采纳农民的建议，对农民缺乏了解与关注，导致高职教育没有发挥出真正的作用。这些问题主要包括开展培训的地点、时间以及内容没有与农民协商。

农村高职教育的目的是让农民学习到有关农耕方面的知识及技能，并且将这些技术运用到实际中，不断引导农民在生产过程中学习和使用新产品与新设备，进一步提高生产率。另外，随着科技的进步与发展，农民所具备的知识技能是无法满足社会发展需求的，农民需要具备生产、科技和经营等各个方面的知识。

现阶段，在农民培训方面有多种方式，主要是利用以会代训、集中教学等方式来对农民进行教学与培育，传授农业知识技能。但是，这些方法也存在缺点，就是难以带动农民的积极性。任何的生产与经营都需要强大的实践能力，农业也不例外。对于农耕者来说，只有在实践中获得的知识与技能才更利于农民掌握。因此对于农民来说，培训的地点最好邻近本村，特别是靠近农民生活的地方。因为只有充分满足农民的需求，符合农民的意愿，农民的生产积极性才会得到提高，农业高职教育才能充分发挥它的作用，培育出高素质、高水平的农民。

（五）新时代高职教育助推乡村振兴战略的农村教育对策

1. 发展"三农"高职教育，完善农民高职教育体系

（1）加大对农村高职教育的投资力度，提高农村高职教育教学的质量。加大对职业学校的投资力度，尤其是教学设施，要保证其现代化，教学内容要跟上社会的变化，实现信息化教学，改善职业学校的教学环境；协调好支持农村高职教育的组织、个人与机构之间的关系，全方位支持农村高职教育；大力推进城市对农村高职教育的支持力度，将农村的职业学校与社会各界紧密联系起来，相互监督，相互促进，推动农村高职教育的发

展，增强对农村、农业、农民的服务力度。

（2）根据各县市的经济发展状况来对农村高职教育进行深化的改革创新。对农村高职教育的办学模式进行改革，推动以政府为主导，加入行业指导，拉入企业参与的办学模式。改革新型的农村高职教育培养模式，要根据各县市的需要来进行，依托当地的主要产业，才能发挥该地区农村高职教育的优势。改革现有的农村高职教育教学模式，多让有真正职业技术的教师实地教学，实现教育与实践的结合。

（3）提升农村高职教育对人群的吸引力。大部分的农村职业人才都聚集在与自身有相关专业的大中专学校或农业职业学校，而高职教育的重点就是针对这些专业的学生，建立一套完善的人才培育机制，以吸引更多的人到农村高职教育中来。第一步，完善招生报考机制，提升农村高职教育学生的升学率，让优秀学生有更好更多的选择，如直接进入相对应的农村职业学校；第二步，建立一套完善的奖惩机制，如奖学金、助学金等，激发学生的学习兴趣，吸引更多的学生选择农村高职教育；第三步，政府制定相关的创业就业政策，提升该类学生的就业率，在他们的创业途中，给予一定的政策优待，引导这些涉农学生积极创业。这三步可以形成一个有层次、有系统、开放而又完整的体系，让农村的资源开发得到更多技术人才的支持。

2. 开展岗前就业培训，完善农民成人教育体系

农村成人教育是推动乡村经济发展的智力支撑，主要面向农村的劳动年龄人口，通过对他们进行培训和再教育，形成一个完善的乡村成人教育体系。自改革开放以来，我国就一直推行农村成人教育，并且已顺利展开，逐步适应了我国的发展需求。尤其是在我国推动城市化进程时，因其推动了乡村企业的发展，促进了劳动力跨区域的流动，所以也加快了我国城市的发展。要想提高农民的适应能力，就得提高其素质。要想在短时间内培育出高素质的农民工，其难度可想而知，所以，对农民进行岗前就业培训，使其尽快就业，就显得尤为重要。

（1）要转变农民对成人教育的思想观念。政府要起到领头羊的作用，贯彻以人为本的科学发展观，跟着国家的指挥走，将乡村成人放在主体的

位置上，多引导和培育新型农村高职教育技术人员。政府要先做到重视农村的成人教育，大力宣传国家政策和精神，提高农民的认识程度和重视程度，开阔他们的眼界，多进行一些宣讲活动，为农民树立起终身学习的思想，打破他们原有的认知，走出故步自封的状态，让他们自己打破不愿学习新知识的枷锁，保持对知识的好奇和对学习的热忱，以此来促进农村成人教育的发展。

（2）要创建适合农村成人教育的内容。农村成人教育的课程是要有助于农民的健康发展，能促进农民积极参与。要在基本摸清当地成人的情况后，根据当地的发展需求，设置合适的专属课程。还可从课程内容的趣味性出发，吸引更多的农民来参加课程。另外，课程所教授的内容应从实际出发，以便农民更好地加以运用。

（3）要加大对农村成人教育的经济支持。与其他教育相比，农村成人教育在经济和物质上都有一定的差异。政府应更加重视对农村成人教育的经费投入。政府可与当地本土企业开展合作，这样既可以促进当地的企业发展，又可以为当地农村成人教育筹措一定的资金；既培养了专业农村务农人员，又可为企业提供一定数量的员工。此外，在教授某些特殊的课程时，可收取一定数量的资金作为学费，既不会增加农民负担，又得到一定数目的教育经费，有助于农村成人教育更好地展开。

（4）要提高现有的农村成人教育的质量。政府在为农村成人教育提供师资力量时，可以与一些学校取得联系，利用学校的师资和教学资源，对农民进行培训。还可聘用一些专业教师，组成一支强大的师资队伍，在对教师素质要求提高的同时也不忘教学质量。在对教师进行考核时，除了专业素养的考核外，还要在道德、学历等方面进行考量。最为重要的是，要利用各种办法留住现有师资。将农村成人教育教职工与其他教师一视同仁，在职称与工资水平方面都不应该有差别，只有这样才能留住教师资源，解决农村成人教育的重要问题，提高农村成人教育的质量。

3. 推行多元化教育方式，培养更多的农业劳动者

应推行多元化的教育方式，让农民能全方位地学习到更多知识，提高

其综合素质。针对农民的学习特点，利用现在网络的普及性，开展远程施教，推送"送教下乡""流动课堂车"等新模式进行培训，建立一个开放式的教育系统，服务全体农民，使他们都能享有优质的教育资源。

如今，新的教育模式已逐步完善，农民可针对自身的情况进行网校课程的学习，制订自己的学历学位学习目标，这样更有学习动力。而在此期间，农民可以一边学习一边实践，或是利用网络与指导老师在农业生产现场接受一对一的指导，或是完全脱离农业生产进行学习，农民可根据自身情况选取不同的学习方式。这种现代化的学习方式，可以让农民足不出户就学到世界各地的先进知识和技术，这样的学习，既节约了时间又节省了费用，简单方便且有效。

完善健全现有的数字教育资源公共服务体系，形成一个互相联通，点、线、面覆盖，共同互享的数字教育资源公共服务体系，为乡村教师提供更多的优质数字教育资源。通过多种方式进行网络课堂授课，组建农村网络联校群，覆盖本省的所有农村学校，推动城区学校农业职业教师为农村学校学生在线开设相关课程，着力解决农村学校课程开设不全、师资不足等问题。以优秀教师为领衔人，组建一批具有引领示范作用的"名师网络教研联盟"，推动乡村教师与名师的合作，共同商讨，资源共享。实施新周期职业教师信息技术应用能力提升工程，推动信息化教学应用覆盖全体乡村教师。

大力推动就业重点群体技能的培训工作。面对高校毕业生开展技能就业行动。依托职业院校，面向城乡未继续升学的初中、高中毕业生开展职业技能训练，增强其技能就业的能力和劳动习惯的养成。实施"春潮行动"农民工职业技能提升计划，解决过剩产能职工的安置工作，对失业人员和转岗职工实行特别培训计划，加快其再就业的步伐。实施新型职业农民的培育工程和农村实用人才带头人培育计划。建立健全以"教育培训、认定管理、定向扶持"为主要内容的新型职业农民培育服务体系。对即将退役的军人开展退役前技能储备培训和职业指导，对退役军人进行就业技能培训。对符合条件的贫困家庭开展脱贫攻坚工作，实施国家为脱贫而制订的计划。对待服刑人员和强制隔离戒毒人员，进行职业技能培训，使其能更好更快地回归社会。

结束语

　　根据党的十九大报告，农业农村和农民问题是关系国民收入生活的根本问题，要始终把解决"三农"问题作为全党工作的重中之重。我国积极探索职业教育服务农村振兴，目前已经取得一定成效。当然，要使职业教育更好地为振兴农村服务，就必须克服一些困难，进一步发挥职业教育的主观能动性。

　　本书论述的内容如下：

　　（1）乡村振兴战略的内涵是产业兴旺、生态宜居、乡风文明、治理有效、生活富裕。国民经济的基础是农业，只有良好的农业基础才能有助于现代经济体系的建设。乡村振兴战略的五大支柱是相辅相成的，从不同的维度提出了未来农村发展的目标和指标。它们有着千丝万缕的联系。农村振兴可以改善城乡发展差距，缓解城乡关系。这一战略对我国的健康发展起着至关重要的作用。

　　（2）高职教育发展作为国民教育体系和人力资源开发的重要组成部分，具有培养多样化人才、促进就业创业、传承技术技能的重要作用。高职教育在现代高职教育体系中起着承上启下的作用，是搭建现代高职教育体系的重要桥梁。高职教育应把握现代高职教育体系的服务宗旨，树立终身教育观、人力资本积累观、大职业教育观等。近年来，随着国家对高职教育的高度重视以及高职教育自身改革与创新，高职教育在发展过程中取得了令人瞩目的成绩。

　　（3）高职教育是一种与普通教育具有同等重要地位的教育类型，随着现代化和经济结构调整，各行各业对技术技能的需求不断增加，高技能技术教育培育出素质高、专业化程度高的人才队伍，为实施乡村振兴战略提供人力资源保障，满足大力培育新型专业农民的乡村振兴战略要求。党和国家高度重视高等职业教育的发展，采取了一系列政策措施，为高等职业教育的发展营造了宽松的政策环境。

（4）高职院校为区域产业发展和技术进步提供人才、技术与服务。要研究和理解乡村振兴战略的背景、内涵、目标任务、主要内容、意义、实施基本原则和具体措施，深入学习和领会国家省、市、乡村振兴战略规划，为制定高职院校服务乡村振兴战略规划奠定理论基础和提供实践依据，为乡村振兴战略下的高职院校人才培养、技术创新、成果转化与社会服务指明方向。

（5）高职院校服务乡村振兴可通过如下路径：政府层面，要强化基层政府的社会治理职能，健全基层政府的制度法律体系等；产业层面，要做到"科学合理区域布局，优化产业空间结构，结合地方产业结构""加强特色专业建设，促进产业融合发展""增强乡村产业聚合"等；教育层面，高职院校要做到重视和加强农村高职教育发展、构建城乡统筹的农村职教体系、完善农村高职教育的保障体系、提高农村高职教育的办学质量、推动产教融合等。

参考文献

［1］刘婷，梁千雨．"乡村振兴+文旅融合"协同发展模式研究［J］．南方农机，2022，53（1）：69-74．

［2］吕莉敏．基于乡村振兴的高素质农民内涵、特征与功能研究［J］．当代职业教育，2022（1）：17-25．

［3］吴映雪．乡村振兴项目化运作的多重困境及其破解路径［J］．西北农林科技大学学报（社会科学版），2022，22（1）：23-33．

［4］柳军，梁小燕．农村职业教育协同乡村振兴的逻辑优化与路径探析［J］．中国职业技术教育，2021（36）：65-69，81．

［5］胡茂波，谭君航．职业教育类型发展与乡村振兴耦合的逻辑、纽带与路径［J］．教育与职业，2022（1）：13-20．

［6］吴儒练，李洪义．中国乡村振兴水平评价及其障碍因素［J］．河北农业大学学报（社会科学版），2022，24（1）：66-75．

［7］田毅鹏．脱贫攻坚与乡村振兴有效衔接的社会基础［J］．山东大学学报（哲学社会科学版），2022（1）：62-71．

［8］邓文勇．农村职业教育与乡村振兴共生发展：问题与路径［J］．中国职业技术教育，2022（3）：50-56，62．

［9］王思斌．乡村振兴中韧性发展的经济——社会政策与共同富裕效应［J］．探索与争鸣，2022（1）：110-118，179．

［10］陈文胜，李珊珊．论新发展阶段全面推进乡村振兴［J］．贵州社会科学，2022（1）：160-168．

［11］王青，刘亚男．中国乡村振兴水平的地区差距及动态演进［J］．华南农业大学学报（社会科学版），2022，21（2）：98-109．

［12］周娜．乡村振兴视角下实现农业现代化的路径探析［J］．理论探

讨，2022（2）：159-164.

［13］周晔，徐好好. 乡村教师在乡村振兴中的应为与可为［J］. 苏州大学学报（教育科学版），2022，10（1）：10-19.

［14］邱星，董帅兵. 新时代的乡愁与乡村振兴［J］. 西北农林科技大学学报（社会科学版），2022，22（3）：11-22.

［15］朱纪广，侯智星，李小建，等. 中国城镇化对乡村振兴的影响效应［J］. 经济地理，2022，42（3）：200-209.

［16］戈大专，陆玉麒，孙攀. 论乡村空间治理与乡村振兴战略［J］. 地理学报，2022，77（4）：777-794.

［17］祝成林，褚晓. 职业教育服务乡村振兴的文献综述及研究展望［J］. 教育与职业，2022（10）：5-11.

［18］石献记，朱德全. 职业教育服务乡村振兴的多重制度逻辑［J］. 国家教育行政学院学报，2022（4）：43-51，95.

［19］徐雪，王永瑜. 中国乡村振兴水平测度、区域差异分解及动态演进［J］. 数量经济技术经济研究，2022，39（5）：64-83.

［20］朱德全，石献记. 职业教育服务乡村振兴的技术逻辑与价值旨归［J］. 中国电化教育，2021（1）：41-49.

［21］马建富，李芷璇. 乡村振兴背景下农村职业教育的价值取向与改革框架［J］. 职业技术教育，2020，41（33）：7-14.

［22］王柱国，尹向毅. 乡村振兴人才培育的类型、定位与模式创新：基于农村职业教育的视角［J］. 中国职业技术教育，2021（6）：57-61，83.

［23］朱德全，杨磊. 职业教育服务乡村振兴的贡献测度：基于柯布-道格拉斯生产函数的测算分析［J］. 教育研究，2021，42（6）：112-125.

［24］朱莉. 职业教育助力乡村振兴的实践困境与破解路径［J］. 阿坝师范学院学报，2021，38（3）：108-114.

［25］朱德全，王志远. 协同与融合：职业教育服务乡村振兴的逻辑理路

〔J〕. 陕西师范大学学报（哲学社会科学版），2021，50（5）：114-125.

〔26〕王志远，朱德全. 职业教育服务乡村振兴政策的历史流变与时代趋向〔J〕. 国家教育行政学院学报，2021（10）：66-75.

〔27〕张珍. "乡村振兴"战略下农村职业教育的发展路径研究〔D〕. 南京：南京邮电大学，2020.

〔28〕祁占勇，王志远. 乡村振兴战略背景下农村职业教育的现实困顿与实践指向〔J〕. 华东师范大学学报（教育科学版），2020，38（4）：107-117.

〔29〕梁宁森. 乡村振兴战略背景下农村职业教育的困境、机遇与优化路径〔J〕. 高等工程教育研究，2020（4）：157-162.

〔30〕沈军，陈慧. 治理有效：职业教育助推乡村振兴的路径改革〔J〕. 国家教育行政学院学报，2020（8）：19-24，76.

〔31〕朱成晨，闫广芬，朱德全. 乡村建设与农村教育：职业教育精准扶贫融合模式与乡村振兴战略〔J〕. 华东师范大学学报（教育科学版），2019，37（02）：127-135.

〔32〕佛朝晖，陈波，张平弟. 职业教育主动服务乡村振兴战略的政策分析〔J〕. 中国职业技术教育，2019（15）：60-66.

〔33〕石丹淅. 新时代农村职业教育服务乡村振兴的内在逻辑、实践困境与优化路径〔J〕. 教育与职业，2019（20）：5-11.

〔34〕邓小华. 服务乡村振兴的乡村职业教育：发展困境与优化路径〔J〕. 独秀论丛，2021（1）：21-31.

〔35〕张旭刚. 乡村振兴战略下我国农村职业教育的战略转型〔J〕. 教育与职业，2018（21）：5-12.

〔36〕郭思乐. 现代学术观念与高等职业教育发展〔J〕. 高教探索，1998（4）：21-25.

〔37〕陈秧分，王国刚，孙炜琳. 乡村振兴战略中的农业地位与农业发展〔J〕. 农业经济问题，2018（1）：20-26.

［38］黄玉林. 乡村人才振兴困境及其破解途径［J］. 南方论刊，2020
　　　（5）：15-18.

［39］黄济. 教育哲学［M］. 北京：北京师范大学出版社，1985.

［40］覃川. 全面发展视角下高职教育课程改革［J］. 中国高等教育，
　　　2015（Z1）：62-64.

［41］覃川. 关于"学教做合一"人才培养模式的哲学思考［J］. 中国高
　　　教研究，2015（11）：106-110.

［42］潘懋元，吴玫. 高等学校分类与定位问题［J］. 黄河科技大学学
　　　报，2005（1）：1-5.

［43］唐骏，李晶. 论高职院校办学的科学定位［J］. 当代教育论坛，
　　　2005（11）：129-130.

［44］吴亚林. 农村教育发展：概念重建与制度设计［J］. 郑州师范教
　　　育，2015，4（3）：6-9.

［45］王书进. 浅论教育功能、教育价值与教育目的三者的关系［J］. 焦
　　　作师范高等专科学校学报，2003（4）：46-48.

［46］冯建军. 关于教育价值概念的思考［J］. 上海教育科研，1998
　　　（10）：25-27，11.

［47］石丹淅. 新时代农村职业教育服务乡村振兴的内在逻辑、实践困境
　　　与优化路径［J］. 教育与职业，2019（20）：5-11.

［48］高子舒. 生态文明建设背景下农村生态环境建设的意义、问题与对
　　　策研究［J］. 农业经济，2019（7）：33-34.

［49］周永平，杨和平，沈军. 乡村振兴与协同治理：职业教育
　　　"CCEFG"联动共生模式的探索实践［J］. 中国职业技术教育，
　　　2020（7）：14-20.

［50］陈龙根，张榕. 刍议教育在劳动力流动中的作用力［J］. 继续教育
　　　研究，2014（1）：4-6.

［51］吴遵民. 终身教育的基本概念［J］. 江苏开放大学学报，2016，27
　　　（1）：75-79.

［52］陈桂生．"终身教育"辨析［J］．江苏教育研究，2008（1）：3-6.

［53］田大庆，王奇，叶文虎．三生共赢：可持续发展的根本目标与行为准则［J］．中国人口·资源与环境，2004（2）：9-12.

［54］黄安，许月卿，刘超，等．基于土地利用多功能性的县域乡村生活空间宜居性评价［J］．农业工程学报，2018，34（8）：252-261，304.

［55］韩俊．农业供给侧结构性改革是乡村振兴战略的重要内容［N］．中国经济时报，2017-11-21.

［56］李克明．美丽乡村提出的过程、意义及内涵［N］．毕节日报，2014-09-25（02）．

［57］顾远明．教育大辞典：增订合编本上卷［M］．上海：上海教育出版社，1997：1195.

［58］吴遵民．现代国际终身教育论［M］．新版．北京：中国人民大学出版社，2007.

［59］杨晓军．区域视野中的乡村、学校与社会：清末民初东北乡村教育研究（1905—1931）［M］．北京：光明日报出版社，2011.

［60］田静．教育与乡村建设：云南一个贫困民族乡的发展人类学探究［M］．北京：中央编译出版社，2013.

［61］王卫东．现代化进程中的教育价值观［M］．北京：中国社会科学出版社，2002.

［62］瞿葆奎．教育基本理论之研究（1978—1995）［M］．福州：福建教育出版社，1998.

［63］王坤庆．教育哲学：一种哲学价值论视角的研究［M］．武汉：华中师范大学出版社，2006.

［64］徐莹晖，徐志辉．陶行知论乡村教育［M］．成都：四川教育出版社，2010.

［65］毛泽东．毛泽东选集：第一卷［M］．北京：人民出版社，1991.

［66］毛泽东. 毛泽东文集：第七卷［M］. 北京：人民出版社，1999.

［67］夏征农. 辞海［M］. 1989年版缩印本. 上海：上海辞书出版社，
　　　1994.

［68］中国社会科学院语言研究所词典编辑室. 现代汉语词典［M］. 北
　　　京：商务印书馆，1983：255.

［69］潘懋元. 新编高等教育学［M］. 北京：北京师范大学出版社，
　　　1996.

［70］王伟廉. 高等教育学［M］. 福州：福建教育出版社，2001.

［71］伯顿·克拉克. 高等教育新论：多学科的研究［M］. 王承绪，徐
　　　辉，郑继伟，等译. 杭州：浙江教育出版社，1998.